トットちゃんと
トットちゃんたち

1997―2014

黒柳徹子
Tetsuko Kuroyanagi

講 談 社

この本を、私がユニセフの親善大使になった
１９８４年から、昨年までの30年間に、
私たちが助けることができなかった
３億２０００万人の小さな子どもたちの
魂に捧げます。

２０１５年1月

題名の「トットちゃんとトットちゃんたち」について

ユニセフの親善大使になって、初めて行ったアフリカ・タンザニアで、アフリカの人たちが最も使うスワヒリ語で子どものことを、「トット」というと知りました。

私は子どもの頃から、トットちゃんと呼ばれていました。

私は、「神様！　ありがとうございます。きっと私は、小さい頃から、子どものために働くために生まれてきたんですね」と小さい声で、いいました。

ですから、この本の題名は、私と世界中の子どものことを書いた本という気持ちです。

まえがき

ユニセフの親善大使に任命されて30年になります。はじめの13年間を書いてから、昨年までの18年間を書くのに、こんなに時間がかかってしまいました。

随分、いろんな方たちに、「続きはまだですか?」と、聞いていただきました。また、うれしいことに、小学生が、はじめの13年を読んでくれて感想をくださったりしました。

私は、この仕事をユニセフからいただいたことを、心から感謝しています。もし、親善大使にならず、世界の子どもたちの所に行くこともなかったら、テレビや舞台に出ている人間として、呑気に一生を終わったでしょう。

この30年、つらいことも見ました。大変な旅もしました。でも、そのおかげで、私は、もし子どもたちのことを知らないで死んでしまったら、本当に、子どもたちに申し訳ない一生だったと思います。

世界は、少しずつでも、よくなっていっています。

30年前、ユニセフの事務局長のグラントさんから、「テツコ！　一年間に、１４００万人もの子どもたちが幸せにならず、手もかけてもらえなくて、死んでいってます。なんとか今世紀中に半分にしたい。協力してくださいね」と、いわれました。

それが、いまは、年間６２０万人まで減りました。子どもは増えているのに、死ぬ子たちは減っているのです。これは、世界中の人が、よその国の子どものことを考えてくれていることや、また、発展途上国の親たちが、予防接種の大切さを知ったことなど、いろんな理由があるでしょう。でも少なくとも、グラントさんの夢だった半分以下に、死ぬ子どもが減ったことは、うれしいことと思っています。

それでも、まだ、年間６２０万人の子どもが、死んでいるのです。私は、子どもが死ぬところも見ました。生まれたての子どもでも、栄養不良で死ぬときは、悲しそうな顔をしています。それでも、親に抱かれて死ねる子どもは幸せです。捨てられて、一人で死んでいく子を見ていると、「何のために生まれたんでしょうね」と、私も泣きたい思いです。そんなことのないように、少しでも、私は、これからも、子どものために、働いていこう、と思っています。

おとなを信じて、死んでいく子どもたち。５歳でレイプされて、それでも生きていこうとしている子どもたち。子どもたちの生きる力に励まされてきた30年間でもあるように思います。

「私は、子どものために何をしたらいいでしょう」というご質問に、私は、こんなふうに答えています。「知ってください。関心を持ってください」。

　このことがはじまりだと私は思います。確かに、お金も、ものも、必要です。でも、子どもたちにとっては、忘れられていること、何も、知られていないことが、たぶん、いちばん、悲しいことだと思います。この本を読んでくださって、少しでも、子どもたちの生きていくことの大変さを、わかっていただければ、私も、うれしいです。

　この間、ありがたい手紙を日本のお母さんからいただきました。

　クリスマスに、5歳の息子に靴下を渡して、「この中に、サンタクロースさんに、ほしいものを書いとくと、きっと、くださると思うわよ」。夜中にお母さんは、そっと靴下の中を見ました。そこには5歳の子どもの、たどたどしい字で、こう書いてありました。「サンタクロースさん、僕は、なにもいりませんから、アフリカの子どもたちに、ごはんをあげてください」。このことは、黒柳さんに、どうしてもお伝えしたくて、手紙を書きました。

　とありました。

　うれしかったです。もしかすると、小さい子どもは、おとなより、危機を感じる力が鋭いのかもしれません。この本を読んで、日本の子どもが、いじめなど、しないで、世界の子どものことを考えよう、と思ってくださったら、それは、私の、本当に、うれしい気持ちです。

　つらい話もあると思いますが、私の見た真実を書きました。少しでも、その状況を、みなさまにお伝えできれば、それが親善大使の仕事です。もし学校で、先生が少しずつ生徒たちに読んでくださることがあったとしたら、それは、どんなにうれしいことでしょう。

2015年1月

黒柳徹子

◎目次

第4章　リベリア・2000年　79

トットちゃんとトットちゃんたち　1997—2014

第1章

モーリタニア
1997年

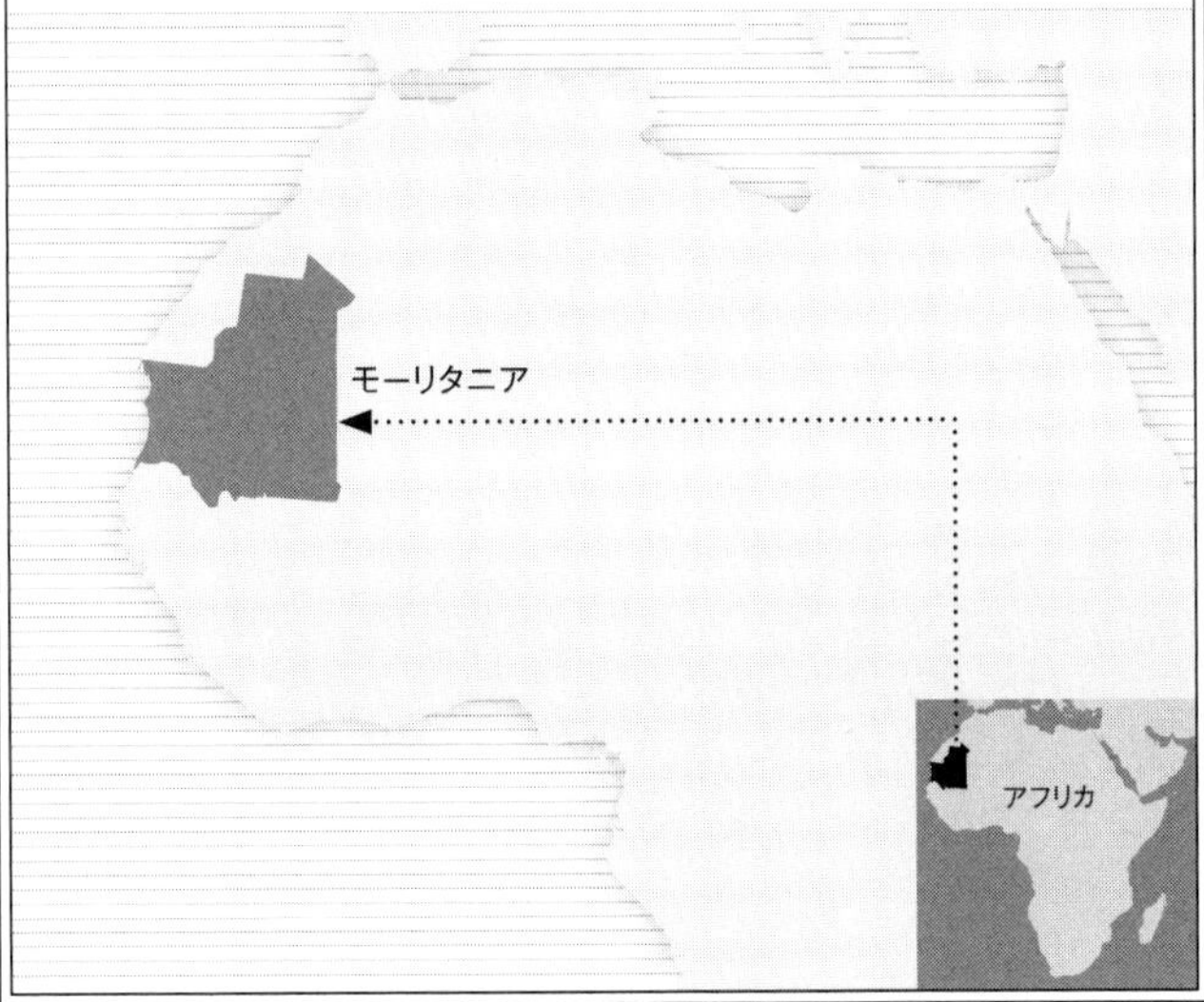

モーリタニアの子どもたち

5人に1人の命が……

モーリタニアは、面積が日本の約2・7倍です。でも、その3分の2が砂漠です。1973年以来、繰り返し襲った大干魃《かんばつ》で、砂漠化は、年々進み、一年間に、7キロメートルずつサハラ砂漠が南下しているそうです。

「砂漠化がモーリタニアにとって最大の問題なんです」

計画大臣はそうおっしゃいました。

1977年、モーリタニアは、人口の70%が遊牧民でした。それが96年には、わずか10%に減りました。遊牧に適した草の生えた土地が砂の下に埋まり、残った土地は、雨が降らず草も生えないため、動物を飼って暮らす遊牧民としての生活ができなくなったからです。遊牧民は、村を捨て、仕方なく、都会へ流れ込みました。

1960年はアフリカの年といわれ、17の国が独立しました。モーリタニアも希望に満ちた誕生でした。その首都に選ばれたのが人口５０００人の小さな漁村ヌアクショットでした。ところが、97年には、その人口は80万人にも増えてしまったのです。

　こうして、いまでは総人口約２３０万人の80％以上がヌアクショットなどの都市で暮らすようになりました。都会に出たからといって、仕事があるわけではありません。なのに、毎週何百人もの遊牧民が流入し、都市の人口は一年間に10％ずつ増えています。

　そんなわけで、ヌアクショットの周辺は、遊牧民たちが住むスラムとなっていました。砂漠化が、遊牧民の生活を奪い、大きく変えてしまったのです。

　私たちは、ヌアクショット周辺の２０００人から３０００人が住むスラムを訪ねました。家は、掘っ立て小屋で、粗末な木やトタンでできていました。あたりには、ビニール袋やペットボトルなどの、ゴミが散乱しています。砂漠での生活のものは、すべて土にかえるものと教わってきました。昔はそうでした。でも、ペットボトルやビニールは、土には、かえらないのです。トイレなどの衛生施設もなく、きれいな水も手に入りません。子どもたちは、すべて栄養不良の状態でした。

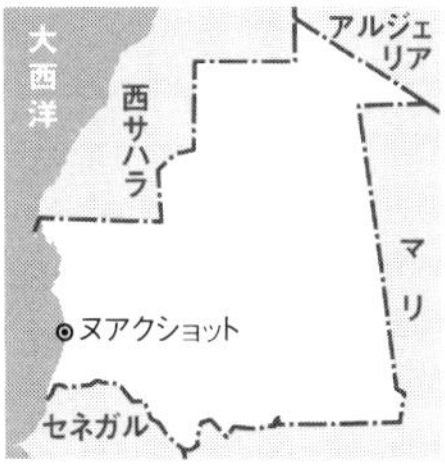

モーリタニア

　政府とユニセフが共同で運営している栄養不良児センターでは、子どもたちの体重を測っていました。１歳４ヵ月になるダドゥダちゃんの体重は、6・5キロ。標準体重の60%しかありませんでした。それでも元気そうに見えました。

でも、軽度、中度の栄養不良でも、子どもの死亡の直接、間接の原因になるのです。生き延びたとしても、脳の発育が遅れたり、病気にたいする抵抗力をなくします。

1995年、5歳未満で亡くなる子どもが1000人あたり、195人。5人に1人。世界で15番目の高さでした。日本は1000人あたり3人(2015年現在)。世界で最も子どもが元気な国の一つなのです。

悪魔のような毒の木

首都ヌアクショットは、2000年から3000年前、海でした。それが砂漠化で陸地になってしまい、砂をちょっと掘ると、貝がたくさん出てきます。

私は、しゃがんで、その貝を拾いながら、子どもたちと話をしたり、一緒に「ハレルヤ」を歌ったりしました。

時間がきたので、「さよなら」といって、車に乗ったのですけれど、子どもたちは、その走

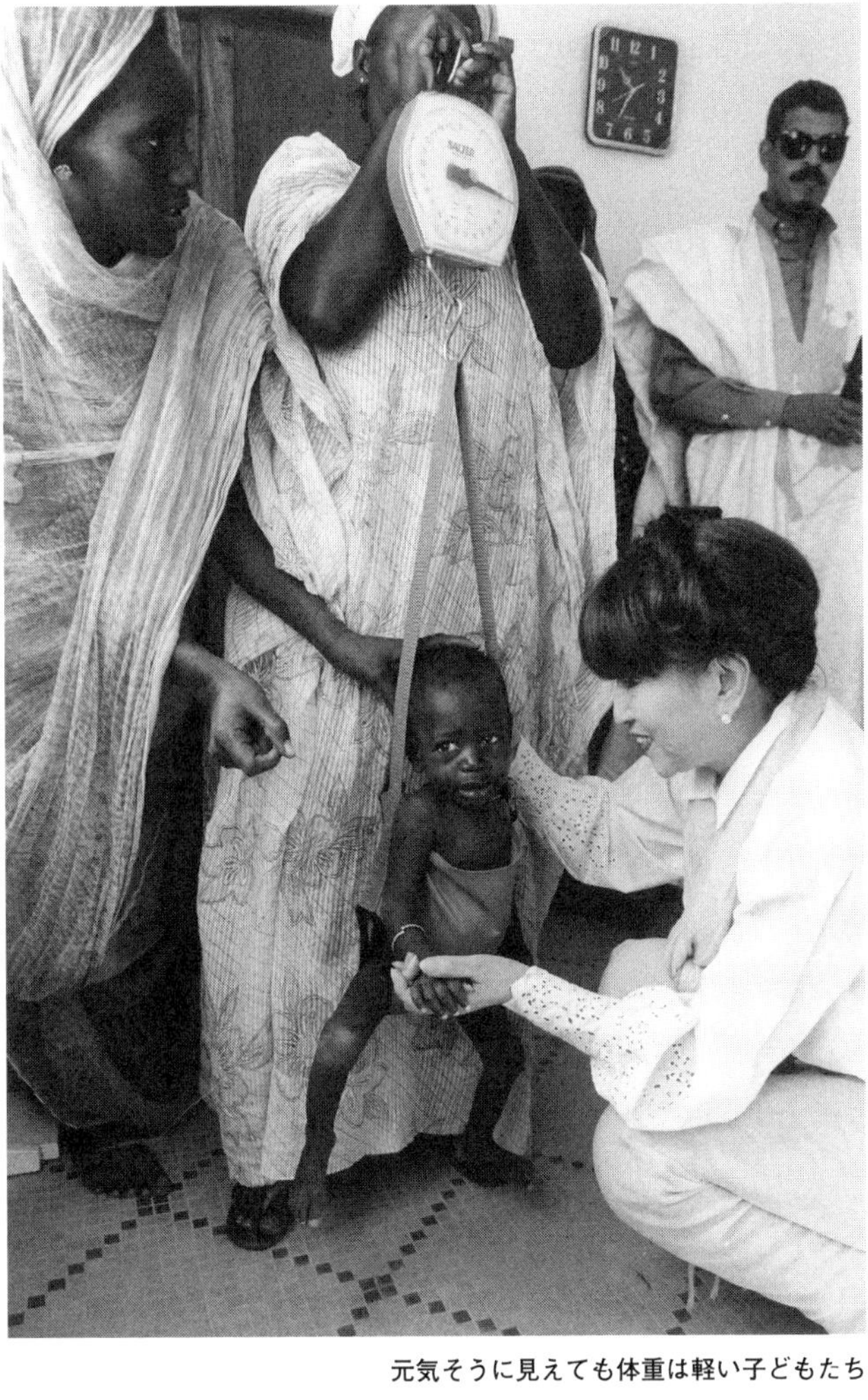

元気そうに見えても体重は軽い子どもたち

る車を追い掛け、とうとう、ぶらさがってしまいました。「危ないから」といって降ろすと、こんどは次にいく場所に先回りです。

「あら、またお会いしましたね」と私がいうと、子どもたちはまねして「あら、またお会いしましたね」って、私のいった通りにいい、「いや、どうもどうも」と私がいうと、また「どうもどうもどうも」と。背中を丸めて、手をひざに置いて、いかにも恐縮したように、お辞儀の格好をします。

子どもって、どんなつらい状況のなかにいても、どんなに貧しくても、好奇心が強く、おもしろいものを見つけて、楽しむ天才です。

ヌアクショットから100キロ離れた砂漠の村アウレガットに向けて出発しました。「希望の道」と名付けられた道路は、砂漠を東西に突っ切っていました。道は、舗装され、車が2台、ゆうゆうすれ違える幅があります。でも、その道路は、毎晩、ブルドーザーのようなもので砂を掃除しないと、次の日は砂に埋まって通れなくなってしまうと聞いて、驚きました。

一年間に平均100日は続くという砂嵐《すなあらし》。それが砂を運んでくるのです。砂を手でしゃくると、非常に細かく、まるでオークル系の粉おしろいのようでした。

驚いたことはもっとありました。途中、砂の上に40センチぐらいの長さの葉っぱがバサバサ広がっているので、「これ、なんという植物ですか」と尋ねたときです。なんと、それはヤシの木のてっぺんだったのです。高さ20メートルはあるというヤシの、幹の部分はすっかり砂に埋まっていたのでした。

これでは地形も変わると思いました。６年前の地図では、ステップという草原地帯に分類されていた地域が、いまはすっかり砂漠になっているのです。

ヌアクショットの年間の降水量は平均91ミリ、東京の降水量の６％くらいしかありません。砂漠では、もっと少ないのです。

そんな乾き切った砂漠に、突然、青々とした肉厚の葉をもつ木が繁殖しているのを見つけました。思わず「あら、緑があるじゃないの」といいました。でも、それは毒の木（トウダイグサ）でした。葉を破ると白い液が出て、それが人間の目に入ると失明し、動物が食べると死んでしまうのだそうです。

木も育たない、草も育たない砂漠。なのに、ニョキニョキ生える悪魔のような毒の木！　神様って、ほんとうにいるのかな、と思ってしまいました。

「もっと井戸がほしい」

アウレガットから5キロほど離れた砂漠のなかの村、バワを訪ねたときでした。村長さんが「ぜひ、見てほしいんです」といって案内してくださったのが、このあたりでは1基しかないという貴重な井戸でした。

深さが60メートルもあって、ゴム製の袋というか、バケツ代わりのものを投げ込みます。それには長い長い綱《つな》がついていて、その綱を3頭のロバに引かせて、水をくんでいるのです。ロバが疲れると、こんどは女性たち十数人が引きます。

バワ村と周辺に暮らす1500人、それと家畜が、この井戸に頼っているのです。

私は井戸をのぞき込みました。深くて底は見えません。すると、村長さんが飛んできて、ひざをついてのぞいている私のえり首をおさえるようにして、「やめてください、やめてくださいい」というのです。前に落ちた人がいたのでしょう。

炎天下、気温が50度もあるなかでの、水くみは、女性にとって危険で、たいへんな重労働でした。

くんだ水はコンクリートで固めた水場にあけるのですが、その水場には、砂がたまっています。水は、砂で濁《にご》り、大きな虫もいっぱい浮いていました。砂漠では珍しくないのでしょう。

それを子どもたちは一生懸命ボウルですくって、飲んではポリタンクに入れていました。

　村長さんはこうおっしゃるのです。

「もっと井戸がほしいんです。水があれば、周りの人たちにもあげられます。家畜にも飲ませられます。水があれば、定住して、ジャガイモなどの農作物を育て、子どもたちの栄養を改善することだってできます」

　この村では、ジャガイモを栽培しようとしたけれども、水不足で失敗したのだそうです。そんなわけで、多くの人たちは、村を捨て、都会のスラムへ移住したのです。


　でも、希望もありました。砂漠のなかの村エルメティヤサールでの「菜園」の試みです。地下水を、直接、発電機でくみ上げて給水塔にため、その水を使い、乾燥に強いプロゾピスという木の苗を育てていました。いまは30センチほどでした。でも、木が大きくなったら、木陰を利用してジャガイモやタマネギ、トマトをつくるというのです。

　この給水システムは、１９９６年末、日本の援助で完成したばかりでした。もちろん、電気はありません。ガソリンを買ってきて、発電機を動かしているのです。

「菜園」という、その場所は小学校の運動場ほどの広さで、動物が入ってこないように棒とテントの切れ端などで囲み、その囲みに沿ってプロゾピスの苗木は植えられていました。

まず木の苗を育て、大木になってから、その木陰で野菜をつくる。とても気の長い話ですが、モーリタニアでは、ここから始めなければならないところまで、きているのです。

木が育てば、雨が降ります。それが木を育て、また雨を降らせます。

そうした、いい循環ができあがれば、仕方なく砂漠を捨てスラムに移住した遊牧民たちも、生まれ育った村に戻ってくることができるのです。

四季があり、飲み水も豊富にある私たちは恵まれている、と、つくづく思いました。

医薬品も医療器具も足りない

モーリタニアの予防接種率は、結核が93%までは進みましたが、三種混合とポリオ、はしかは、いずれも50%くらいです。

これまで予防接種のワクチンは、外部からの支援に頼って、用意されていました。でも、1997年からは、政府がワクチンの予算を組み、自分たちの力で接種を進めています。そのワクチンは、ユニセフが安く買って、政府に提供しています。

私たちは、首都ヌアクショットの予防接種拡大センターを訪問しました。不安な表情で注射され、びっくりして大声で泣く赤ちゃん。その光景は、どこの国でも変わりませんでした。

「予防接種の主な問題は」と、案内のユニセフの予防接種の担当者は、こう説明してくださいました。

「ワクチンを保存しておく大型冷蔵庫が15年前のもので、故障しがちで修理代がかさむこと。ワクチンを輸送するための冷蔵車がないので広い砂漠に点在する村へいって接種することがなかなか難しいんです」。どこにでも冷蔵庫のある日本では、予防接種用のワクチンを保存できます。ワクチンが死んでしまったら予防接種しても、意味がないのです。

ヌアクショットの東85キロ、砂漠の村テニアシェルにある保健センターは、朝８時から外来の診療を始めていました。日中は気温が50度近くにもなります。

患者は、一日10人から13人、ほとんどは遊牧民たちで、５キロから10キロ離れたところから歩いてきます。主な病気は、昼と夜の気温の差や砂ぼこりからくる肺炎などの呼吸器の病気、マラリア、下痢《げり》などでした。子どもでは、目や耳の病気も目立っていました。

この保健センターは、ユニセフの協力で、住民みずからが保健センターに出資し、運営していました。

アフリカの国々で試みられ、成功している方法で、国の予算が減らされ経済が後退したなかでも、安い料金で、治療と予防のためのサービスが受けられるようにする、というものです。

運営資金は、住民が買う20ウギア（1ウギア＝1・5～1・7円）の1ヵ月間有効の保健カードと、薬代でした。抗生物質は一錠5ウギア、アスピリンは一錠2ウギア、ペニシリンは5ウギア、下痢症に有効な経口補水塩は15ウギアでした。

子どもと妊婦には、ビタミンAの錠剤を無料で投与していました。ビタミンAの補給で、子どもの失明を防ぎ、抵抗力をつけて、下痢やはしか、マラリアによる死亡を防ぎ、妊婦の死も大きく減らすことができるからです。

医薬品も医療器具も最低限のもの、それさえ十分ではは、ありません。重症の患者が出たら、ヌアクショットの国立病院まで運ぶのだそうです。でも車はありません。

「何がほしいですか」と尋ねた私たちに、保健センターのお医者さんは、意外にもこうおっしゃいました。

「センターの周りにさくをつくること。それと太陽電池による電気です。動物が入らないようにするためと、夜の急患を治療するためです」

夜は真っ暗なのです。

貧困だけでなく迷信が……

ヌアクショットの近郊、スラムのなかのエルミナ母子保健センターを訪問しました。１９８４年、スイスのＮＧＯ（非政府組織）が開いたものです。

栄養不良児の病棟には、子どもを抱いたお母さんたちが大勢きていました。暑い５月から７月には、もっと増えるそうです。

外来では、まず、体重を測り、標準体重の70％以下の子は入院させて、毎日３食を食べさせ、標準体重の80％になったら退院させる、というふうにしていました。

体がやせているだけでなく、髪がすべて抜けている子、頭の皮膚がひび割れた子、体中、おできができた子……。みんな目がまん丸く、かわいい顔して、でも、不安そうな感じでいました。それだけに心が痛みました。

何度も入退院を繰り返しているサレムちゃんは１歳５ヵ月で体重が５８００グラム、ママドゥちゃんは１歳２ヵ月で体重が４８００グラムしかありませんでした。標準体重の50～60％くらいでした。

兄妹の赤ちゃんを抱っこしました。兄のダハバちゃんは１歳６ヵ月、妹は生後２ヵ月でした。妹は丸々と太っていて、お兄ちゃんよりも大きいのです。お兄ちゃんの体重はわずか4130グラムでした。どういうことでしょう。

お母さんは、お兄ちゃんが生後4ヵ月のときに、次の子を妊娠しました。妊娠すると母乳は出なくなるのです。お母さんには、離乳食の知識がなく、お兄ちゃんを栄養不良にさせてしまったのです。

でも、日本のような粉ミルクも、ちゃんとした離乳食も手に入りにくく、母乳だけが頼りの国では、こういう子どもたちがたくさんいるのです。

ユニセフは、生後6ヵ月までは母乳だけで育て、その後、2歳までは安全で良質の離乳食を与えながら、母乳育児を続けることを勧めています。こうすることで子どもには最善の栄養が与えられ、病気からも守られるのです。それに、授乳は妊娠を遅らせる効果もあります。

食習慣の迷信も子どもたちを栄養不良にしていました。内臓がきれいになるからと、新生児にバターを食べさせてひどい下痢を起こさせたり、泥棒になるからと、子どもに栄養価の高い卵を食べさせなかったり、などです。

お医者さんはこう説明してくださいました。

「栄養不良は、確かに貧困ということもあります。でも、社会的、文化的な要因も大きいんです。遊牧生活からの転換がむずかしいんです」

ユニセフと政府が協力して運営する栄養不良児センターでも、「お母さんたちの教育」が大事だと、母乳で育てること、離乳食や栄養のバランスのとれた食事の作り方などを教えていました。

遊牧という、大家族での生活。そこでは、若いお母さんは、おばあさんなど、多くの人から必要な知識を伝えられていたはずでした。それが都会に出てこないわけにはいかなかったばかりに、家族がバラバラになり、環境が変わったことで、自分の子どもを死なせている。そう思ったら、ほんとに気の毒でした。

男の子は突然泣きだした

首都ヌアクショットの郊外にある公立小学校を、私たちは訪ねました。教室が３つ、８歳から12歳の子どもが６クラスに分かれ、午前８時から午後１時までと、午後１時30分から６時までの二部制でした。全校生徒３３０人、一クラス50人くらいで、多いときには１００人にもなるそうです。

私は教室に入り、子どもたちと一緒に座りました。中は、暗く、電気もなく、砂が入るからと窓は閉じたままでした。ただ一つある黒板は、古く〝白板〟のようになっていました。そこに白いチョークで書くから、ほとんど見えません。

それでも、子どもたちは、大きな声をあげ、一生懸命、公用語のアラビア語の読み方を勉強していました。

アバ・フーレイター先生は、私たちに訴えました。

「すし詰め状態で、教室が足りないんです。トイレもないし、水もありません。もちろん、教科書も紙も鉛筆も不足しています」

モーリタニアでは、6歳から12歳まで義務教育ですが、受け入れる施設が足りない状態で、義務教育にすることはできないというのです。

公立小学校といっても、政府が出すのは教師の給料だけで、学校の維持費は、子どもたちの親の負担でした。負担といっても、日本では考えられない安い額です。

私が訪ねたこの学校では、負担は一人あたり月20ウギア（1ウギア＝1・5〜1・7円）。しかも、そのお金が払えるのは、豊かな家庭だといいます。

貧しい家庭の子どもたちは、親の負担がかからないコーラン学校にいきます。勉強といっても、木にコーラン（イスラム教の聖典）を書いたものを読むだけです。

砂漠の村のコーラン学校では、女の子が赤ちゃんのお守りをしながら、コーランを勉強していました。

モーリタニアの南端の都市ボゲ、そこのコーラン学校を訪ねたときでした。50人ほどの子どもたちが聖典を大きな声で読んでいました。

９歳ぐらいの男の子に、「上手ね」と声をかけたら、突然、その子の目から涙があふれ出ました。しゃくりあげながら、聖典を読むのだけれども、とうとう続けられなくなりました。「どうして泣いているのでしょうか」と先生に尋ねると、「目にゴミが入ったんですよ」といいました。

でも、そうでないことが、私にはわかりました。私は日本語で「あなた、がんばりなさい。泣くんじゃないのよ。悲しいことがあるのかもしれないけれど、生きていかなければならないのだから、ね」と、お母さんがするように励ましました。

男の子は、ここにくる前、砂漠のなかで、遊牧民の家族と一緒に、十分な愛を受け、幸せに暮らしていたのでしょう。だから、一人になったいま、優しい声をかけられたとき、お母さんを思い出して、悲しくなった、そんなふうに思えて仕方ありませんでした。

この子たちは、寄宿生が中心で、その部屋を見せてもらうと、狭く、折り重なって寝るようでした。

子どもたちは、勉強が終わると、トマトの赤い缶詰の空き缶を持って、町へ托鉢《たくはつ》にいきます。でも、町の人たちも貧しく、お金もあまり集まりません。そんなとき、帰って、ぶたれることもあるそうです。

私は、いままで訪問した国で、どんなにひどい状態に置かれていても、泣いている子を見たことがありませんでした。どんなに小さくとも、我慢し、愛のない生活に慣れ、黙って耐えている子たちでした。

でも、モーリタニアの子どもたちのように、愛を知っていて、泣くのも、またかわいそう、と思いました。

女性の自立が大きな力に

モーリタニアの南端、セネガル川流域の都市ボゲは、肥沃《ひよく》な土地で活気がありました。でも、子どもたちのほとんどは栄養不良でした。干魃で、四季が消え、動物も植物も、すっかり少なくなってしまったのです。

でも、女性たちは、みずからの力で小さな事業を起こし、生き生きと活動していました。女性たちの社会参加は、自分たちの暮らしを変え、家族の栄養を改善させる大きな力になっていました。

女性の自立を助けるのに、「女性の銀行」がありました。貧しい女性に、担保なし、信用だけで少額のお金を貸す銀行です。女性は信用できる。実績が、ものをいいます。

私たちは、その「女性の銀行」から借りたお金を元手に活動している女性たちの特別発表会を見学しました。遊牧民のテントになるパッチワーク、かぎ針編み、刺繡《ししゅう》、絞り染めなどの商品から、遊牧民の食習慣にない新しい食品、瓶詰《びんづめ》にした野菜のピクルスまでつくられ、売られていました。私たちには珍しくなくとも、砂漠の人たちが食習慣を変えるのは、大変なことです。

それからいうと、びっくりしたのは、イズミダイ（ティラピア）の養殖でした。モーリタニアは肉食、主に羊の肉が中心です。それを、「蛋白質《たんぱくしつ》は魚からも摂りましょう」というのです。女性の協同組合をつくり、力を合わせての事業でした。稚魚から、成長に合わせてセネガル川のいけすへ、５つの段階に分けて育てていました。大きなものでは10センチ以上もあって、バチバチ跳《は》ねていました。

子どもたちの栄養不良の原因の約3分の1がマラリアによるものです。発育や発達を遅らせ、大きな死因にもなっています。

そのマラリアは、セネガル川沿いの地域で多発していました。

マラリア対策でも、女性たちは、委員会をつくって、やる気十分でした。蚊を寄せつけないように、蚊帳《かや》を殺虫剤で処理するという事業です。これでマラリアによる子どもの死を減らすのに成功していました。

その委員会の責任者という女性は、私たちに実際の作業を見せながら説明してくださいました。

「薬品の溶液1・5ミリリットルをバケツに入れ、1・5リットルの水を加えて、2人用の蚊帳を5分間、まんべんなく浸します。一回で6ヵ月の効果があります。100ウギアが薬品代、30ウギアは作業する人へ、20ウギアが活動資金になります」（1ウギア＝1・5〜1・7円）

この事業に参加したい女性は、150ウギアの登録料を払うのですが、回転資金方式で、立ち上がりのための薬品代と訓練はユニセフが援助していました。

またこの村では、女性が中心となって、トマトの品種を改良し、その種で25万ウギアの収益をあげていました。野菜づくりでも成功し、その収益で、自分たちの子どもの小学校を建てたそうです。

貧しくたって、だれかにすがって生きていこうと思わないで、みんなで力を合わせれば、なんとかなる。その一生懸命生きている姿に感動しました。

マラリア予防には、予防接種ワクチンはなく、予防内服として薬をのむのです。私たちは、日本を出るときから、マラリアの薬を病院でもらって、毎日、必ず1錠ずつのんでいます。だから一応、マラリアにはかかりにくいようにしています。夜は蚊とり線香を必ず体のそばに火をつけておいておきます。私たちは、こうして、マラリアの蚊にさされないように予防できますが、何もない子どもたちは、マラリアの被害にあってしまうのです。

〝静かな緊急事態〟の国

すごいと思ったのは、〝生活を変えよう〟という努力でした。

セネガル川沿いの地域の、米づくり、野菜づくりの研究もそうでした。

見学しようと、車から降りたときでした。突然、日本語で「よくいらっしゃいました」と声をかけられました。筑波国際農業研修センターで勉強したシーババさんという方でした。

モーリタニアの農業は、ソルガム（トウモロコシの一種）、粟《あわ》、米の生産が中心です。それで「日本のお米、好きですか」と聞いてみました。

「ええ。こんなことをいったらなんですが、やっぱり、こしひかりと、あきたこまちですな」

と、シーババさんがいったので、大笑いしてしまいました。

首都ヌアクショットの共同水くみ場は、上水道の水をためて井戸のようにして、そこから手でくみ上げていました。

そばに番人が朝7時から夜8時まで立っていて、お金を取ります。水売りは、200リットル入りのドラム缶一本100ウギアで仕入れ、300ウギアで売ります（1ウギア＝1・5〜1・7円）。

飲み水が手に入らないスラムの人たちは、その高価な水を買うしかありません。もっとも貧しい人が、もっとも高い水を買わされるのです。その負担は食べ物以上でした。

水は、手でくみ、バケツで買う。水に手が触れる機会が多く、汚染されて、下痢の原因にもなっていました。

ユニセフは、地元の女性を支援して、安全な水をより安く、十分に、と新しく給水事業を起こしていました。

ユニセフの井戸は、風車で水をくみ上げ、貯水タンクにためて、蛇口《じゃぐち》から給水するという方式でした。これなら水に手が触れないので、水を清潔に保っておくことができるのです。それぞれの家庭でも、蛇口のついた容器にためておくように勧めています。

ここでも女性たちは活躍していました。協同組合をつくり、水を管理し、水の値段を従来の3分の1に下げたのです。そして、経費を回収し、余ったお金は、保健・衛生教育のために使います。

こうして、この地域の下痢の発症率を30％から15％に引き下げることに成功したのです。

夕方、浜で見たのは、漁に出掛けただんなさんを奥さんたちが迎えている光景でした。精いっぱいのおしゃれをして、髪には香油をつけ、「待ってたのよ」「魚とれた？」「うれしい」といいながら、浜辺で抱き合う光景は、とてもいいものを見たという感じでした。

モーリタニアは、これまで訪ねた内戦の国と違って〝悲劇〟が目立つわけではありません。人口の75％が貧困で、年収が5万円以下です。砂漠化で生活の基盤を奪われ、家族がバラバラにされ、ここでも子どもと女性に犠牲が強いられています。そして栄養不良の広がり……。

栄養不良は、子どもに障害を負わせ、病気にたいする抵抗力を弱め、知的能力を損なわせ、死ぬ可能性を何倍も高めています。

　でも、その多くは予防可能です。こうした〝静かな緊急事態〟の国があることも知っていただきたいと思いました。

モーリタニア・イスラム共和国　面積103万平方キロメートル（日本の約2・7倍）。人口388万人（2013年）。1904年フランス領に。60年独立。78年、クーデターを経て特別軍事政権が成立。2005年、2008年にクーデターが起き、不安定な政治情勢が続いている。

第２章

ウガンダ 1998年

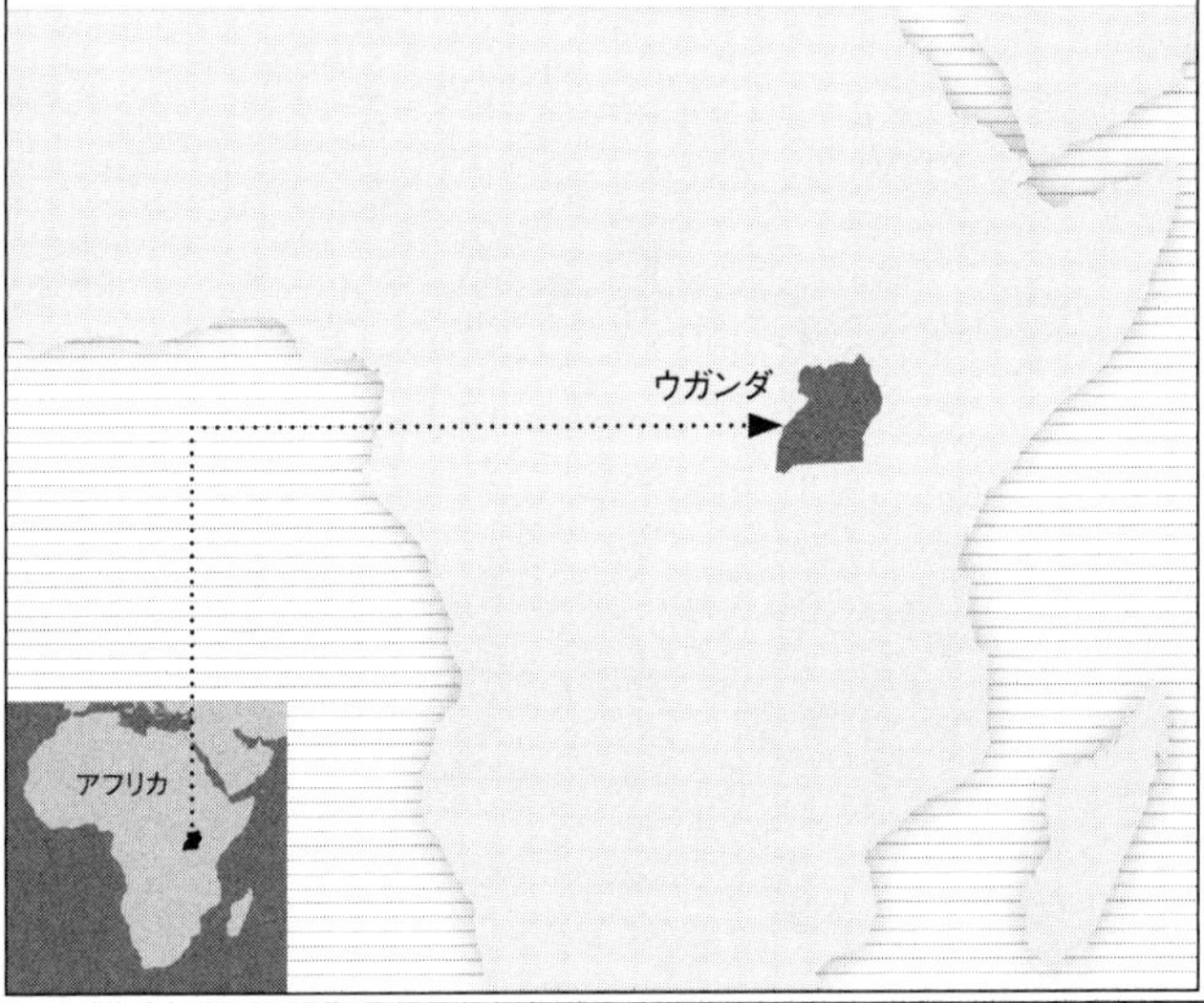

ウガンダ訪問

139人の女子学生がゲリラに連れ去られた

ウガンダ北部の都市アボケ。そこのセント・マリー中等学校を訪ねたときのことでした。教師のシスター・ラケレさんから伺った話は、胸が痛むものでした。

ウガンダでも名門のこの学校は、反政府ゲリラの格好の標的でした。1996年の襲撃のとき、139人の女子学生が誘拐されてしまったのです。

子どもたちを連れ戻そうとゲリラを追ったシスターは、「全員を返してほしい」と頼みました。ゲリラの答えは「109人は返すが、30人は残す」でした。シスターはひざまずき、「子どもたちの代わりに私を殺してください」と頼みました。ゲリラは自分の好みの30人を選びました。そして「さあ。連れていく30人の名前を書け」と、シスターに紙とペンを渡したのです。

シスターの顔を見た子どもたちは泣き叫び、口々にいいました。「レイプされるのでしょうか」「ちり紙がないんです」「いま生理なんです」。恐怖におびえ、目を見開き、シスターを見つめました。

シスターは繰り返し、懇願しました。ゲリラの答えは「ぐずぐずいうなら全員を返さないぞ。早く、書け」でした。30人の名前を書こうにも、手が震え、書けませんでした。年長のアンジェラが書いてくれました。アンジェラはスーダンに連れ去られたままです。

シスターはもっとも年長のジュディに「みんなを頼みます」とお願いし、ロザリオを渡しました。

そのとき残るはずの一人が１０９人の側にいました。シスターはその子を抱き締め「逃げないで。さあ、みんなのところへ」とさとしました。彼女はうなずき、いいました。「もう逃げようとはしません」。

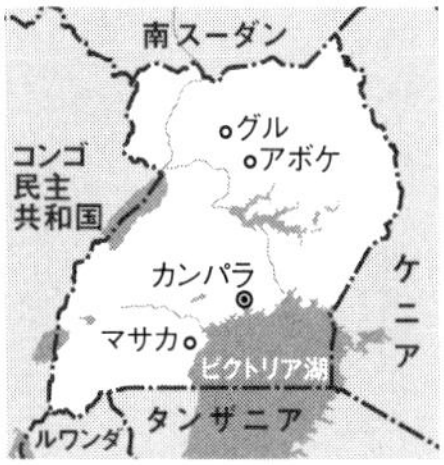

ウガンダ

シスターはゲリラと残る子どもたちにいいました。

「私たちはいくけど、決して私たちの方を振り返らないように」

「ええ、シスター。決して振り返りません」

その後、９人が脱走に成功しましたが、21人はいまも行方がわからなくなっています。

シスターの目から涙が、あふれていました。

「30人を残してきたことを、いまも悔やんでいます。それ以来、私たちはたたかっています。すべての子どもたちの自由のために……」

60歳男性の〝ワイフ〟にさせられた15歳少女

首都カンパラから北へ300キロ、スーダンとの国境から80キロの都市グルは、ゲリラによる攻撃の多発地帯でした。75の学校が焼かれ、215人の教師が殺され、8000人の子どもが誘拐され、その半数は行方がわからないということでした。

ここにはグスコという、ゲリラに誘拐された経験をもつ子どもたちを助ける民間団体のセンターがありました。虐待と拷問を受け、ときには自分が生まれた村を襲い、人を殺してしまったという子どもたち。心には深い傷を負っていました。

そうした子どもたち1200人が保護されてきました。いまも131人が心の傷をいやし、正常な日常生活がおくれるように訓練を受けています。そのうちの28人は女の子です。

その訓練のひとつに演劇がありました。子どもたち自身が誘拐され、軍事訓練を受けたとき

ウガンダ北部のグルで、子どもたちに囲まれる

の体験を再現するものでした。苦しみを表現し、悪い記憶に立ち向かうことで、心の傷がいやされていくからです。

劇は、20人ぐらいがつながれたまま、なぐられるところから始まります。進行するにつれ、つらい思いが浮かんでくるのか、周りで見ている子どもたちの表情がけわしく変わっていくのがわかりました。

軒先では、算数、それも簡単な足し算の勉強をしている子もいます。誘拐され、何年も勉強ができなかったのです。

それにしても、子どもたちに笑顔がありません。私たちがなにかを尋ねても、みんなじっとうつむいていました。

ゲリラが誘拐するのは主に11歳から18歳の子どもたちでした。用事をいいつけやすく、足手まといにもならないからです。また、ゲリラの都合のいいように洗脳もできます。軍事訓練をさせ、兵士に仕立てるのです。女の子はレイプされ、ゲリラの〝ワイフ〟にさせられていました。いうことを聞かなければ殺されます。それも、ゲリラが、子どもに子どもを殺すように命令するのです。もう悲惨としかいいようがありませんでした。

アンジェラさんは15歳でした。20～30人の子どもたちと一緒に誘拐され、スーダンに連れていかれました。3年間、そこにいて、60歳の男性の〝ワイフ〟にさせられました。

アンジェラさんはいいました。

「とても悲しかった。一日も早く、忘れたい」

グリーンのドレスを着たグレースさんは、妊娠７ヵ月でした。お腹が、はっきりとわかりました。彼女も15歳です。誘拐され、スーダンに３年間いて逃げてきました。35歳ぐらいのゲリラの司令官の〝ワイフ〟にさせられていました。

その男性のこと、どう思っているの？　私は聞きました。

「とても不幸でした。強制されたのですから。でも、赤ちゃんが生まれるのはうれしいです。自分の子どもですから」

つらい話でした。

赤ちゃんと一緒にお幸せに。私は、そういうのがやっとでした。

どの子どもたちの表情も、いままで見たことのないような暗さでした。

ウガンダ訪問は、子どもたちが受けた心の傷の恐ろしさを改めて知らされた思いでした。

肥沃な土地なのに38万人が避難民に

ウガンダ北部最大という避難民キャンプ・パボには、4万2000人が生活していました。ウガンダは、口からこぼれた果物の種も翌年には実る、という肥沃な土地です。それなのに、ゲリラから逃れるために土地を捨て、避難民にならざるをえない国内避難民が、国全体で38万人もいるのです。

給食センターは、標準体重の75〜80％以下の子どもに、食べ物を配給していました。1週間分、一人あたり1・75キロの、トウモロコシ、大豆などの穀類の粉、油、砂糖でした。

ウガンダでは、5歳未満の子どもの40％は、栄養不良で発育が阻害されているといいます。食べ物も水も、家さえもないようなところで、暮らす人たちの体は、ほこりと汗で汚れ切っていました。

グルでもっとも大きい、ベッド数216の公立病院は、マラリアと下痢症、栄養不良の患者であふれていました。私たちが訪ねた病棟は、ほとんどが栄養不良の子どもたちでした。

目のまん丸な、かわいい女の子に、私が「くる?」といったら、お母さんに抱かれていたのに、私に向かって両手を伸ばして、抱っことせがみました。

抱っこして、私のひざの上にのせた脚は、細く、やせていました。私は手を握りました。その手もたいへんな細さでした。腕には栄養不良であることを示す紙バンドをしていました。アドチちゃんは2歳なのに体重が7キロしかなかったのです。それでも、2ヵ月で2キロ増えたのでした。

病院で給食があるのは、こうした栄養不良の子どもたちだけにでした。食料が足りないのです。ほかの入院患者の食事は、家族や兄弟が病院の庭でつくっていました。

私の手話に男の子は、あ、あ、あ、と笑った

南部の都市マサカ。その近郊の村にあるブドゥキロ子どもセンターの見学が終わって、私が車に乗ろうとしたときでした。

9歳ぐらいの、やせてちいちゃい男の子が、私をにらみつけているのです。はだしで、洋服もぼろぼろ、片手にマトケというむしたバナナを持ち、首に縄を巻いた姿で、敵意さえ感じるような視線でした。子どもセンターの生徒たちは、私が誰かわかっていましたが、この子は、ストリートチルドレンでした。

私がそばによって、「あなた、おかしいじゃない？　そんなににらんだりして」といった

ら、もっとにらむのです。それでも「ねえ、どうしたの」と話しかけていたら、そばにいた女性が、「この子、耳が聞こえないんです」と教えてくれました。

「あなたは耳が聞こえないの」と、私は日本の手話でしたけれども、手話で話しかけたのです。男の子は、信じられないくらいいきなりにっこりし、うなずきました。「あなたハンサム」と、やったら、もっとうれしそうにうなずきます。「マトケ、おいしい」とやると、うん、うんと答えます。そして、あ、あ、あ、と声をあげて笑ったのです。

すごくかわいくて、私は、男の子をしっかりと抱き締めました。

以前は首都カンパラの学校にいたけれども、親がいなくなって、授業料も払えなくなって、学校をやめてしまったということでした。

男の子は、手話を習っているわけではないと思うのに、私がやったことをわかってくれました。心が通じたのです。私は、とてもうれしくなってしまいました。

別れて、車に乗っても、そばまできて、さよならと手を振ってくれました。いつまでも……。

今回の訪問の、つらい、深刻な話が多かったなかで、ほんとにすてきなことでした。私とわかり合えたことで、なにかいいことにつながってくれたらな、と思いました。

ウガンダ共和国　面積24万１０００平方キロメートル（日本の約3分の2）。人口３６３５万人。しかし、そのなかにはビクトリア湖６万８８００平方メートルなどの湖沼が含まれている。水は豊富でナイル川へと流れている。中部から、北部に広がる平野の海抜は平均１０００メートル、赤道直下だが年間平均気温は21～23度、雨の量も適量で、水と緑に恵まれ、「アフリカの真珠」とも呼ばれていた。

しかし、その「アフリカの真珠」も、訪問した１９９８年には、長年の内乱、大量虐殺などで荒れ果てていた。反政府ゲリラの襲撃、略奪、誘拐で、国土の３分の1が危険。そこへ干魃。人口約２０００万人の半数が飢えにも苦しむことになった。アボケの女学生30人のうち５人が死亡、残りは帰還した。

第3章

コソボ
アルバニア
マケドニア
1999年

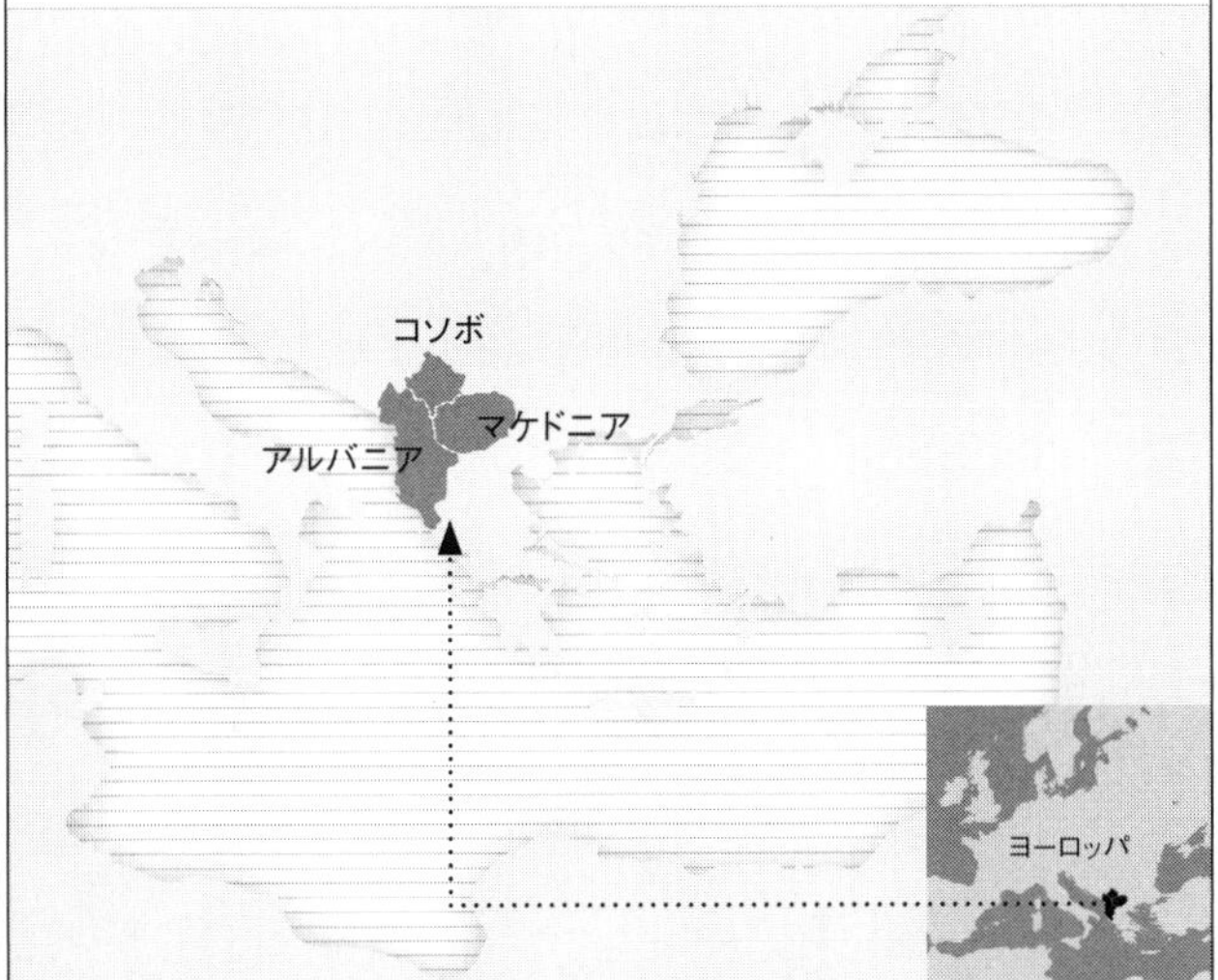

コソボの子どもたち

廃虚のなかの命

マケドニアから国境を越え、ユーゴスラビア連邦共和国コソボ自治州（現・コソボ共和国）に入ったとたん、ＮＡＴＯ軍を中心とした国際治安部隊の姿が目立ち始めました。たいへんな数でした。戦車や装甲車の上からは若い兵士が機関銃で警戒し、通る車はすべて停められ、調べられていました。私たちを守ってくれているのです。

和平が訪れたとはいえ、依然として緊張は続いていました。事実、発砲事件など小さな衝突がいくつも起きていました。

コソボを訪ねるとき、ユニセフは「なるべく滞在を短くしてください。なにが起こるかわかりませんから」といっていました。そのことを実感するような光景でした。

コソボの州都プリシュティナへ車で移動中に見た石油貯蔵タンクは、ＮＡＴＯ軍の空爆でぐちゃっと紙のように折れ曲がっていました。

私たちが訪ねた商業地区ペイトンシティは、ユーゴ・セルビア軍の攻撃で、どこもかしこもがれきの山でした。大きなビルはＮＡＴＯ（北大西洋条約機構）の空爆でお化《ば》けのように壊れていました。その爆風でか、周りの建物も倒れていました。開いている店はなく、たまに露店で、モモやスモモ、ブドウなどの果物が売られているだけでした。

民家はというと、内戦で焼き討ちされ、これ以上、壊せないほどになっていました。まさに廃虚の街でした。

国連の調査では、ユーゴ・セルビア軍による破壊やＮＡＴＯ軍の空爆で、コソボの１４１の村で、64％の家が深刻な損害を受けたり、完全に破壊されました。

第二次世界大戦中、私は疎開していたのですけれども、きっと終戦直後の空襲で荒れ果てた東京はこんな感じだったのではないかと思わせる風景でした。

コソボ

経営する薬局は空爆でめちゃくちゃ。自宅も襲撃され、焼き討ちにあった薬剤師のアミール・アガニさん夫妻は、その自宅に案内してくださいました。

夫は「何もかも壊されてしまいました。いとこも、その奥さんと子どもと一緒に殺され、家を焼かれました。もう言葉もありません」といい、妻は「私は、すべての思い出を失いました。祖父の思い出、母の思い出、子どもたちの成長の思い出の写真もなくしました。でも私たちには、もっとも大切な宝が残されています。息子たちと幼い孫です。一緒に新しい人生を始めようと思います」。

夫は続けていいました。

「がんばるだけです。私たちにとって最高の幸運は、無事だったことです。せっかくの命ですから、もう一度、この家を建て直したいと思っています」

アガニさん夫妻がそうであったように、ここでお会いした多くの人たちは、〝命があっただけでも良かったじゃない〟と前向きに話してくださいました。廃虚の建物ばかりが目立つなか、救われる思いでした。

憎しみを教えてはいけない

コソボ自治州の州都プリシュティナ。内戦と空爆で廃虚となった街で会った年配の男性は、マケドニアの難民キャンプから帰ってきたばかりでした。

「機関銃を持った兵士がやってきて、私たちを追い出しました。駅に集められ、列車で連れていかれました。30分おきに停まり、そのたびに殺されるのではないかと思いました。4時間半ほどたって、列車から降ろされたときは、暗く、雨が降っていました。午前1時でした。線路の両側には地雷が埋まっているから、レールの上を歩くようにいわれました。幼い子どもだけでなく、老人も、病人も、負傷している人もいました。ほんとに恐ろしく、この世の地獄でした」

おとなと子どもが別々にされ、行き先のわからない列車にぎゅうぎゅう詰めに押し込まれたそのとき、多くの人たちは、第二次世界大戦下のナチスのユダヤ人強制収容所を思い浮かべたそうです。

コソボの国境を越えて、少しだけマケドニアに入ったブラーチェ難民キャンプは、そうした難民で8万人にふくれあがりました。いまは帰還してだれもいなくなった跡地には、一本の鉄道が延びていました。そこに立ち寄ってみると、レールの付近には難民たちの残した衣服などが散乱したままでした。

難民は空爆が始まって急増し、コソボの人口200万人のうち、85万人が国外に、54万人が国内避難民になりました。車で、トラクターで、列車で、歩いて逃げた人たち。なかには武器を持った兵士に、いきなり、「家から出ていけ！」と追い立てられた人もいました。急がされた人は、2～3分で出ていかなければなりませんでした。子どもと一緒にということも許されず、仕方なく子どもを置いてきたという女性にも随分と会いました。

殺される人の叫び声、家が壊される激しい物音、略奪され、焼かれる音。そして、空爆の空を焦がす真っ赤な色、地面を揺るがす爆発音……。そうした光景を子どもたちは見ていました。

マケドニアのネプロステノ難民キャンプで会った7歳の女の子オーロラちゃんは、顔に表情がありませんでした。銃を突きつけられ、外に連れ出されたお父さんが撃たれたのを、窓から見てしまったのです。お父さんはパッと伏せて無事だったのですが、オーロラちゃんは、殺されたと思いました。お父さんは一緒にいるのに、眠ろうとすると、お父さんの撃たれた瞬間がよみがえってきます。恐怖のあまり、深い心の傷を負い、一日3時間くらいしか眠れないでいました。

ユニセフは、こうした心に傷を負った子どもたちのために社会心理療法チームを送り、苦しみをやわらげる手助けをしていました。

この難民キャンプには、親を失った子ども、親とはぐれた子どももたくさんいました。

私は、これまでユニセフ親善大使として訪ねたアフリカの子どもたちのことを思い出しました。内戦が30年間も続いたエチオピアでは、骸骨《がいこつ》のようにやせこけた子どもたちが、おとなの後を、へこたれず、泣きもしないで、必死に歩いていました。民族の対立から50万人から１００万人が虐殺されたルワンダでは、目の前で両親を殺された子どもたちが心の傷に苦しんでいました。ほんとにかわいそうでした。

コソボの紛争は、セルビア人とアルバニア系住民との民族の対立から起こっています。でも、それは子どもたちにはわからないことなのです。どの内戦も始めたのはすべておとなです。なんの責任もない子どもたちが、なんでこんな目にあわなければならないのでしょう。子どもたちには、憎しみを教えてはいけないとつくづく思いました。

学校、なにもかも足りなくて

コソボ自治州の内戦がもっとも激しかった地域の村を、私たちは訪ねました。約４００人の子どもたちが学んでいた小学校の校舎は、めちゃくちゃに壊され、焼き尽くされていました。天井も床もなく、あるのはコンクリートの土台と柱だけでした。

ユニセフは、コソボの29ある自治体のうち23で、学校の校舎を調査しました。空爆が停止された１ヵ月後の７月のことです。

1000校あるうち、調査できた562校を見ると、219校は全壊か、それに近い状態で、136校はかろうじて修復が可能でした。なんと63％の学校が壊されていたのです。屋根が完全になくなっている学校も23％あり、黒板が約3200、机が約4万1000、いすが約8万2000、不足していました。

9月の新学期は、11月に延ばされました。ユニセフは、それまでにすべての子どもたちが学校に通えるようにと机やいすを贈るなど援助していました。そこでは、教師には教科書や教材を、子どもには鉛筆や紙、ノート、練習帳などをセットにした「スクール・イン・ア・バッグ（袋に入った学校）」が役立てられていました。緊急事態用に、ユネスコ（国連教育科学文化機関）とユニセフが考案したものでした。

武力紛争のもとでは、教育が心に傷を負った子どもたちの治療や回復に役立つのです。学校を閉鎖しないでおくこと。できるだけ早く再開することで、混乱のさなかにいる子どもたちに、規則正しい生活や普通の生活に平常心を取り戻させることができるからです。

空爆後、もっとも早く学校を再開した自治体がありました。コソボの南西の都市ジャコバです。

コソボでも2番目に大きいというゼケリア・レジャ小学校は、父母が修復を担当し、7歳から14歳まで1850人が学んでいました。教室が足りないので、感染症がはやったときにつくった保健センターまで校舎として使っていました。

教室の窓ガラスは割れて、ほとんど入っていません。10月には日本の真冬ほどの寒さになるといいます。片隅にある小さな石炭ストーブだけでは、とても勉強できる状態ではないと思いました。でも、それだって、あるだけましでした。

なにもかも足りなくて、授業は三部制をとっていました。私が教室をのぞくと、ぽつんとひとり座っている男の子がいました。私もその隣に座り、そうやって長いこと二人で黙っていたのですけれども、どうもその子は、三部制のために自分の受ける授業の時間がわからなくなってしまい、すごく早くきてしまったのです。私は、思わず笑ってしまいました。

学校で会った子どもたちは、みんなにこにこしていました。髪が黒い私に「イタリア人？」なんて聞くので、日本人よ、というと、「知ってる。自動車があるね」なんて話していました。

でも、子どもたちは笑っていても、その心は深く傷ついているのです。死ぬかもしれない、どこでも決して安心できないという恐怖を、子どもたちは体験しているのですから。ほんとうは勉強どころではないのかもしれません。

それでも、教室の子どもたちは、かわいそうなぐらい一生懸命に、勉強していました。

子どもをねらったジュース缶の地雷

車の窓から見るコソボの風景は、美しく、まるで童話の世界のようでした。なだらかな丘、よく整備された畑、豊かな緑。遠くの民家は白い壁でした。

そうした車の移動中にも、すぐ近くで爆発音がし、地雷が処理されていました。のどかに見えても、どこに地雷が埋めてあるかわからないのです。

１９９６年、旧ユーゴスラビアの共和国の一つボスニア・ヘルツェゴビナを訪ねたときは、道路の両側に「地雷注意」のガイコツの絵の黄色のテープがどこまでも張られていました。でも、ここではそれさえもありませんでした。

私たちは「いま車が通ったところ以外は、絶対に入らないで」といわれました。私たちが乗った車が、ちょっと舗装道路をそれて走ったら、現地のユニセフの職員が運転手さんにすごい勢いで「それないで！」と怒っていました。それぐらい危険なのです。

地雷は一個１００円から３００円で手に入ります。でも、その処理となると、一個3万円から10万円もかかります。埋められている地雷は、コソボだけでも１００万個、旧ユーゴスラビア全体で１０００万個といいます。どこに埋めたかは、もう埋めた人にもわかりません。取り除くのは不可能と思えるような数です。農業国なのに。

地雷の種類は多く、なかには子どもをねらったとしか思えない爆発物もありました。おもちゃに似せたものとか、色も形もさまざま、子どもたちの好奇心を誘い、触りたくなるようにつくってありました。例えば、コーラとかジュースの空き缶の地雷です。畑にバラバラまいておいて、それを子どもが拾って、飲もうと開けると、爆発するという仕掛けです。

コソボの州都プリシュティナでは、ユニセフが子どものための地雷教育をやっていました。本物や模型、写真を見せながら、「見つけたら絶対に近寄らないで」と繰り返し教えているのです。

「こうしたコーラの缶が畑に落ちていたら、どうしますか？」という先生の質問に、「家に帰ってお母さんにいいます」と子どもたちは答えていました。そして先生が「これはオレンジジュースです。この缶があったらどうしますか？」と聞くと、ちいちゃな子は「ちょっと見にいってみる」「危ないかどうか、ちょっとだけそばにいって見てみる」というのです。

先生は「畑には絶対に大丈夫というジュース缶は落ちていないのよ。だから絶対近寄らないで」と何回も何回も強調していました。

でも、どんなに危ないと先生がいっても、小さな子どもは、大好きなオレンジジュースがあればそばにいくし、爆発物がどういうものか、想像できないのです。子どもたちを見ていると、草むらのなかをどんどん走っていきます。見ているだけでも怖いと思いました。

いま一番の問題は地雷で、子どもの被害がたくさん出ている、それも体が小さいので命を失うことも多い、と先生は話していました。病院には、運よく命が助かったけれども、足を失ったり、手を失ったり、腹部に重傷を負ったり、破片で失明したりした子どもたちが大勢いるともいっていました。

私は、ほんとうに戦争を心から憎みました。

虐殺の詩　朗読した少女

マケドニアのネプロステノ難民キャンプ。8500人いた難民も、空爆が停止すると、次々コソボに帰り、いまでは2000人が残るくらいになりました。

紺色のシャツを着た若いお母さんのヒダエテ・ラシサさんは、3人の子どもを連れていました。

「警官がきて、5分以内に、家を出ろといわれ、出ていかなければ全員を殺すといわれました。ほんとに着の身着のまま、逃げるのがやっとだったんです。夫が殺されたのを知ったのは難民キャンプに着いてからでした。友だちが『あなたのご主人、殺されたって、テレビに名前が出てたわよ』って教えてくれました。このとき一緒に１２０人が殺されていたんです。あとでわかったことですが、親戚《しんせき》もほとんどが殺されて、家も焼かれました。ですから、もうコソボに戻っても、私たちのこと、助けてくれる人はいません」

頭にネッカチーフをかぶり、顔はしわだらけ、歯も抜けて、ボロボロのサンダルを履いた女性のアリフェ・アリユさんは、63歳でした。でも、どう見ても80歳ぐらいに見えます。

「亭主は前に死んだんだけど、２人の息子と逃げてきたわよ。息子たちはここにいてもしようがないと、カナダとオーストラリアにいっちゃいましたよ。親戚もみんな死んじゃったし、一人になってしまった私に、お水一杯でも恵んでくれる人いるかしら。体も悪いし、これから先、どうやって生きていったらいいのかね」

随分とたくさんの人の話を聞きました。そのほとんどは、若いお母さんのように、そして、おばあさんのように、もうコソボには帰れないといいました。帰れないというよりも、帰っていくところがないのです。気の毒としかいいようがありませんでした。

この難民キャンプでは、テントでの不自由な生活が続いていました。ユニセフは、そのテントの中でも、子どもたちのために補習授業を支援していました。夏休み中も、夏期学校として続けられていました。

こうしてマケドニアへ逃れた難民の子どもたちは、テント学校で1万2000人が、マケドニアの学校で1万8000人が学びました。

ユニセフ親善大使がくるというので、子どもたちは、テントを半分めくって、一生懸命、生まれ故郷のコソボを思う歌をうたったり、短い劇を演じたり、詩をよんだりして歓迎してくれました。

詩は〝虐殺があった。アルバニア人は勇敢にたたかった〟という深刻な内容でした。そんな詩をきれいな声で朗読したのは、青っぽいTシャツと紺のショートパンツの、金髪で大きな青い目の活発な女の子でした。男の子かと思いました。終わると、ちょこんとお辞儀なんかして、すごくかわいいのです。

後ろからきた人が私に小さな声でそっと教えてくれました。

「あの子のお父さんとお母さんは殺されたんだけれども、まだあの子は知らないんですよ」

私は、もう胸がいっぱいになってしまいました。その子をひざの上にのせて抱きながら、日本語で「どうもありがとう。あなた、5歳なの。でも、これからどうしたらいいでしょうね」と軽く頭をなでてあげたのでした。そうしたら、その子の目から大粒の涙があふれ出てきたのです。「ごめんなさいね。大丈夫、大丈夫よ」といったら、またニコッと笑って……。逃げてくるときにけがしたのか、その子の顔は傷だらけでした。

７歳のお姉ちゃんがいましたが、もう両親の死を感じているのか、その妹の手をぎゅっと握っていました。

一人の子どもを見てもそうですから、難民になった、あるいは国内避難民になった１４０万人、一人ひとりがそういう思いをいっぱいかかえていると思うと、ほんとうに、内戦さえ起こらなければ、空爆さえなければと、つらい気持ちになったのです。

花束の少女　チョコレートの少女

マケドニアから国境を越えてコソボへ。そこの検問所は、コソボに帰る難民たちの車で混雑していました。その顔には、不安のなかにも、ようやく故郷に帰れるという明るさがありました。

コソボから逃れていた85万人の難民は、空爆が停止されると、たったの３週間で67万人が帰還しました。その帰還は、私たちが訪ねた空爆停止の６週間後も、まだ続いていました。

一方で、コソボから出ていく車もありました。検問所で停まっていたトラックには、ロマ（ジプシー）たちが乗っていました。みんな、表情がとても暗く、コソボに帰る人たちとは対照的でした。

コソボの内戦中、アルバニア系住民は、ユーゴ・セルビア軍やセルビア警察によって、強制的に国外に追い出され、難民となりました。そのときに、少数民族のロマはセルビア側に協力したといわれています。

アルバニア系住民が帰還しはじめると、こんどは、セルビア人とロマへの報復が始まりました。あちこちで、発砲、略奪、放火が起きていました。

いまコソボから出ていっているのは、そうした報復を恐れて逃げ出す人たちだったのです。難民となったロマが約450人収容されているマケドニアのステンコバツⅡ難民キャンプでは、私たちが訪ねた日にも、新しく26人が入ってきました。コソボ内でも、報復を恐れ、3000人のロマが集まっている国内避難民キャンプもあると聞きました。

コソボの州都プリシュティナの中心地。廃虚のようになったビルのなかで子どもたちが遊んでいました。どんなところでも遊べるんだな、と思って声のする方に入っていきました。

そこで私たちが見たのは、青いセルビア警察の帽子を足で踏みつけている子どもたちでした。憎しみいっぱいに、「このセルビア！　このセルビア！」って、踏みながら気勢をあげて

可憐な花束を贈ってくれた女の子

いたのでした。

　空爆が停止し、和平合意が成立したといっても、本当はなんにも解決していないのだ、と民族問題の深刻さを改めて思いました。


　悲惨な話が多かった訪問でしたが、楽しい思い出もありました。

　コソボを出発しようという夕方の6時ごろ、現地のユニセフの事務所を出て歩いていたら、近所の7歳か8歳ぐらいのかわいい女の子が一人、花束を私に差し出したのです。「どうぞ」って。オレンジ色のマリーゴールドのような、小さくて、きれいな花でした。

　どうもありがとう、と受け取ったら、一緒にいたもう一人の女の子が私に遠慮深げに「あの、チョコレートなーい?」といいました。そしたら、花束をくれた女の子がその子のほうを向いて、「あんた、ばっかじゃないの」と怒りました。

　せっかく自分がお花を贈って、いい雰囲気なのに、チョコレートない、なんていったら、ぶち壊しじゃない――そのいい方が、すごくおかしくて、笑ってしまいました。やっぱり、子どもたちはかわいいんだと思いました。

　民族の対立から、80万人が虐殺されたアフリカのルワンダでお会いした、孤児院の女性院長で小児科医のラニ・ニメットさんの言葉を思い出しました。

「平和や希望が信じられなかったら、どうしてこんな活動をしていられるでしょう。いまは、子どもたちに愛情を与えて、勉強もさせて、自分の国で、何が起こったかを考えさせるときです。5年も10年もかかるでしょうが、お互いが憎むのではなく、〝愛し合い、手をつないで、国をつくっていく〟ことを徹底的に教えます」

コソボ共和国　面積1万908平方キロメートル。人口181万6000人（2012年）。アルバニア系住民が約90％を占めている。

12世紀にセルビア王国が誕生した地で、セルビア人にとっての「聖地」。一方、この土地で長く暮らし、多数を占めるアルバニア系住民にとっても重要な地域で、しばしば双方の対立が起きていた。

1974年に独自の憲法をもち、共和国並みの自治権が保障されてきたが、90年代にセルビア共和国のミロシェヴィッチ政権がこの自治権を奪い、アルバニア系住民を抑圧した。これに反発した一部アルバニア系の武装組織「コソボ解放軍（KL

A)」がユーゴからの分離・独立をめざし、武力闘争を始め、98年2月下旬には、セルビア治安部隊の武力による「掃討作戦」を誘い、内戦状態に。

ユーゴ内部の民族紛争にたいし、米英独仏伊露の6ヵ国を仲介者とする和平協議が続けられていた。NATOは平和維持軍としてNATO軍のコソボ駐留を要求し、それを含む和平調停案をユーゴ政府が拒否すると、米国を中心としたNATOは99年3月24日、コソボを含むユーゴの空爆を開始、78日間続いた。84万人が国外に避難し、50万人が国内避難民となった。2008年、コソボ議会が独立を宣言。

第４章

リベリア
2000年

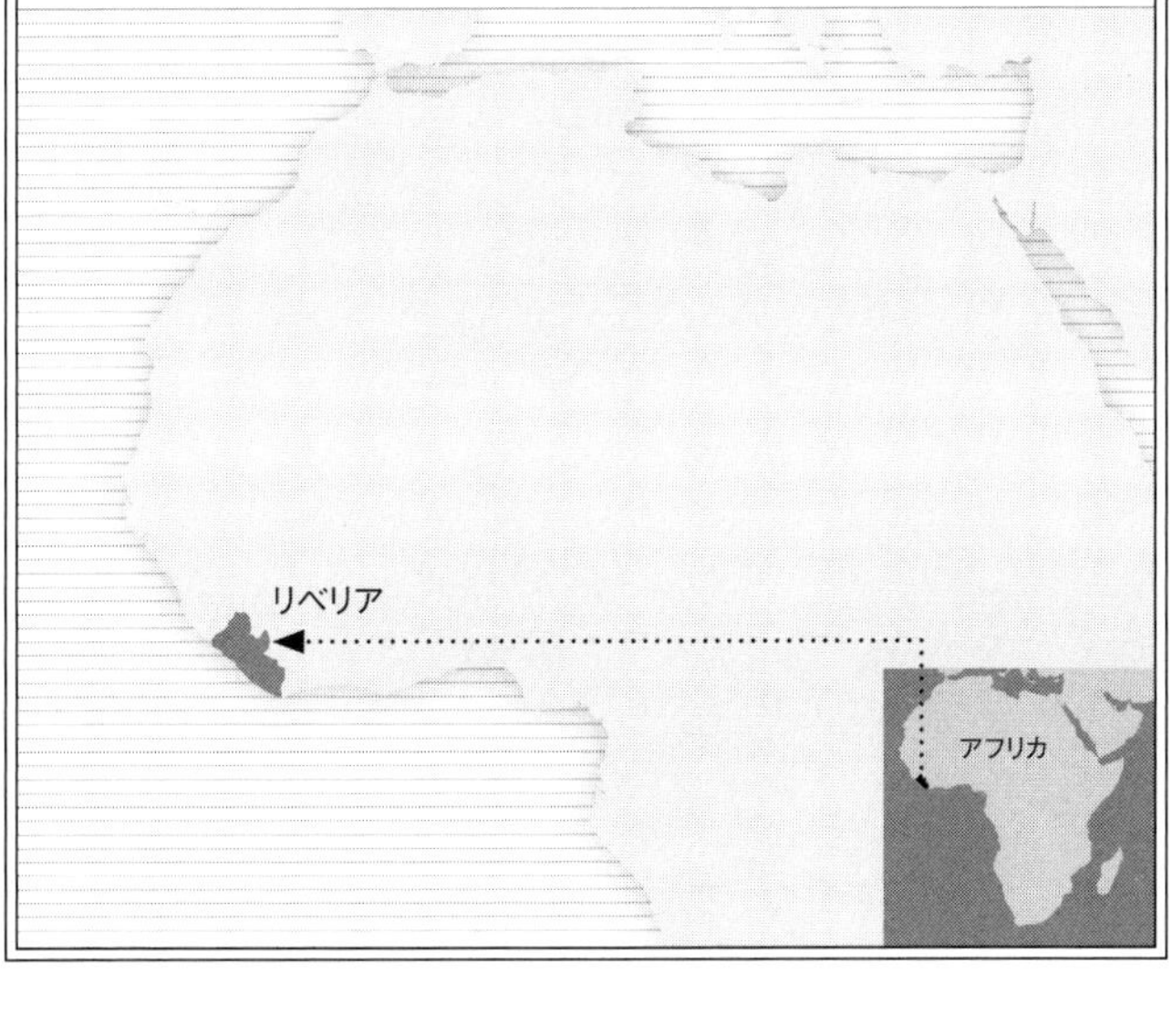

忘れられた子どもたち　リベリア訪問

「戦争だから」と元少年兵

首都モンロビアから車で2時間半、南部の都市ブキャナンに向かいました。戦争で犠牲になった子どもや少年兵をやぶのなかから捜し出して、地域社会で通常の生活に戻れるように手助けしている社会復帰のための施設「いやしの家」を訪ねるためでした。

そこは人里離れた静かなところにありました。１９９２年、アメリカ人の宣教師がつくった施設で、男の子が54人、女の子が17人、収容されていました。これまでに１１６３人の子どもたちが社会復帰を果たしました。

ビクターくんは17歳でした。小柄な男の子で、10歳から13歳まで3年間、銃を持ち、少年兵として戦闘に加わったといいました。硬い表情でした。

少年兵になったのは自分からで、友だちもみんななるといっていたし、たたかいたかったたから、と私の質問にうつむきかげんに答えました。

私は質問を続けました。

「初めて銃を持ったときはどんな気持ちでしたか？」

少年の表情がわずかに和らぎました。

「うれしかったです」

何度も銃撃戦を体験し、おとなも子どもも関係なく撃ち、血がいっぱい出たときには、やったと思った、と。それは、正しいことをしていると思っていた、ともいいました。

少年の顔から、汗が噴き出ていました。

「あなたに銃を渡したら、また人を撃ちますか？」

つらい質問でした。

少年は小さな声で答えました。

「もう撃ちません」

戦争が終わったいま、こんどは殺された側の人たちから人殺しと呼ばれ、森の中を逃げ回りました。両親も少年兵の親というので、村の人からきらわれています。生活のすべてが戦争によって台無しになったともいいました。

「仕方ないです。戦争だから」

少年は悲しそうでした。私は言葉を失ってしまいました。

16歳のファツーマ・カーロンくんは、両腕とも、ひじから先がありませんでした。ゲリラが村を襲うので、13歳から1年間、自衛のためにと、かりだされました。捕らえられ、後ろ手にしばられたまま、なたで両腕を切り落とされ、放置されました。そのときはほんとに悲しかったともいいました。

「いい義手があったら学校へいきたい。技術を身に付けて仕事もできます。家にも帰りたいけれども、腕がないから両親は帰ってほしくないといっています」

私は「腕を切った人たちを憎んでいますか」と質問しました。

「憎んでいません。戦争ですから」

少年の顔はおだやかでした。

戦争だから。再び、私は、たまらない気持ちになりました。涙をこらえるのに必死でした。その子とダブって、第二次世界大戦中の日本の軍国少年や、特攻隊になって死んでいった若い人を思い浮かべたからでした。

ビクターくんたちに銃を渡し、あおったのは、おとなです。少年兵のなかには、上官への忠誠のあかしとして、自分の家族や自分の村の人たちを殺すことも強いられていました。逃げま

ファツーマ・カーロンくんは静かに話し出した

どっているうちに、食べるものがなくなって、人肉を食べた子もいるといいます。

どんなことがあっても、子どもを戦争に巻きこんではいけない。銃を持たせてはいけない。子どもは銃を持ってはいけない。元少年兵だった子どもたちとひざがくっつきそうな狭い部屋で、向かい合いながら強く思いました。

「話さなくていいのよ」

戦争の残酷さ。それには少女たちへの性的な虐待、レイプがあります。犠牲は内戦後も続いています。その被害者は何千人ともいいます。


戦争で犠牲になった子どもたちや元少年兵の社会復帰のための施設「いやしの家」で会った女の子は、体が小さく、まだ11歳でした。日本でいえば、小学5年生です。内戦後に、レイプされ、たった一人で悩んでいたので、ここに連れてこられました。

おどおどして、それだけでも心の傷の大きさを思いました。あまりにもかわいそうで、向かい合ったときには、なにも聞けませんでした。

「いいのよ、いいのよ、話さなくていいのよ」。そういうのがやっとでした。

その一方で、15~16歳の女の子は、自暴自棄《じぼうじき》になっていました。どんなに優しく話しかけても、心を閉ざしたまま、だれも信じないという態度でした。

たまらない気持ちでした。


ダイアナ・デービス孤児院を訪ねました。5歳から15歳の子ども25人を、13人の職員で世話をしていました。そこには近所の子どもと一緒に学べるよう小学校もありました。

院長のダイアナさんは「子どもの心のリハビリは最初の3ヵ月がとてもたいへん」といっていました。

インタビューに慣れている私ですが、ここでも言葉を失ってしまいました。


サラ・カイファさんは14歳の女の子でした。レースのついた胸の開いた紫色の洋服を着ていました。サイズが合っていませんでした。ボランティアが贈った洋服で、それも、いちばんいい洋服で、私を迎えてくれていることがわかりました。数学と英語が好きなかわいい子でした。

私は、お父さんとお母さんに起こったことを聞きました。サラさんは短く答えるだけでした。目に手を当てました。寂しい表情でした。孤児になったのですから。

私はサラさんの肩を抱きました。「思い出させるようなことを聞いてごめんなさいね」って。サラさんは、私の腕のなかにスーッと入ってきて、自分の頭を押しつけ、手をしっかり握って、離れませんでした。泣いていました。

「さよなら、いかなくちゃならないの」といって、やっと離れました。つらい別れでした。

ジョナサンくんとサンドくんは、双子の男の子で、15歳でした。内戦で逃げているとき、目の前で両親を殺されました。10歳のときでした。「両親のことは思い出しません。忘れるようにしています」と言葉少なく話してくれました。

おとなにだったら、両親がどんなふうに殺されたのか、聞いたかもしれません。でも、二人は忘れたい、といっています。10歳のとき見たことを、私は、聞けませんでした。

救いは、将来、その双子の男の子たちが医者とジャーナリストになりたいといったことでした。心からそうなってくれればいいな、って思いました。

戦争のおろかさを見た

８月下旬、首都モンロビアは、暑く、蒸していました。気温は30度をどんどん超え、湿度は80％。雨期に入っていて、ときおりすごい雨が降っていました。

内戦が終わって３年というのに、街は、激しい市街戦で、どこもかしこも壊され、すすけていました。修理もできず、朽ちるにまかせていました。復興の兆しがまったくなく、むしろ悪化していると思えるほどでした。街全体がスラム、そんな状態でした。

私たちは火力発電所を訪ねました。内戦前は、モンロビアの人口の40％とその周辺地域の人口の18％に電力を供給していました。それが内戦で壊されたままでした。鉄や銅、アルミなどの部品も盗まれて、最近、台湾が援助したという５台の発電機が設置されたばかりでした。

なんとかならないのですか、という質問に、技術者は悲しそうに答えました。

「部品さえ手に入れば、修理できるのですが」

モンロビアから40キロほど離れた水力発電所はもっともっと悲惨でした。セントポール川に造られ、リベリアの全電力の70％を供給するほどの大きな施設でした。

この地域は、とくに激しい戦闘が起きたところでした。技術者たちが避難したところに、雨期で、川の増水です。水はダムを越えてあふれ、発電所の機械を壊しました。さらにゲリラが壊し、そのうえに金物泥棒です。ガラスというガラス、金属類はすべて盗まれていました。残っていたのはコンクリートの外壁だけでした。川の水音がゴウゴウと音をたてていました。

内戦は、近くにある浄水所も完全に破壊していました。ユニセフは緊急に修理を支援し、内戦前の10％に回復しました。浄化槽の底は乾き、ひび割れていました。電気があれば、安全な飲料水をつくることができます。その電気がないのでした。

いま安全な水が飲めるのは、モンロビアの人口のわずか8～11％です。100万人以上にふくれあがっているのに、300の浅井戸と2基の深井戸、トラックによる配水に頼っていました。

下水処理施設も壊され、街は汚水があふれて、コレラなど水が原因となる病気が増えていました。

豊かな水があって、電力もきれいな水も供給できる施設があったのに、みんな破壊してしまう。まさに戦争のおろかさを見た思いでした。

内戦で夫を殺された女性は「泣き出さなければいいのですが……」と体験を話してくれました。

「夫は36歳でした。兵士たちは勝手な理由で殺します。金持ちに見えるとか、欲しいものを持っているというだけで。奥さんを殺された人、子どもを殺された人、みんなそうでした」

国連関係の機関で働くマッカサー・ヒルさんは「命以外、すべて失いました。なにもかも」といいました。

「もっとも激しい戦闘は1996年4月6日でした。多くの人が殺されました。幸い私の家族は隠れていて無事でした。街から逃げるとき橋で兵士に会いました。少年兵もいました。妻のジーンズを見て、脱げといいました。妻は脱いで渡しました。レイプされるかもしれないと、ほんとに怖かったです。新築の家を壊されました。再び家具をそろえても、また失ってしまうような気がして、安心できないのです。いまはマットレスだけを買い、そこで寝ています」

自慢の手づくりの保育器

リベリア内陸部のグバーンガは、穀倉地帯で比較的豊かな地域です。そこの中心的なフェーベ病院を訪ねました。ベッド数が200、医師が5人、看護師84人の病院です。

ここではユニセフが支援する予防接種キャンペーンを実施していました。予防接種率が20%と低かったけれども、キャンペーンの成果で60%近くまで上がった、といいます。

病室の壁に「ＩＣＵ（集中治療室）」と記されてありました。中は、ベッドがあるだけでした。がらんとして、設備らしい設備はなに一つありません。

でも、よく見ると、壁には、酸素吸入のための配管の跡が残っていました。さまざまな設備も、ゲリラに壊され、金物泥棒に引きちぎられていました。

必要なものは？　という質問に、案内してくださった先生は「病室のドアがほしいんです」といいました。

内戦が始まってからは、経費の大半を負担していた政府の援助がなくなり、民間の支援に頼っていました。その支援もなく、修復できないし、増え続ける患者に対応できないでいました。

小児病棟には51人が入院していました。一つのベッドに２人、３人と子どもが寝かされていました。布団も満足にありません。ほとんどはマラリアで、あと、肺炎や下痢、貧血、栄養不良なども多い病気でした。そのマラリアの薬も極端に不足していました。なにもかもが不足しているのです。

リベリアの５歳未満の子どもの死亡率は１０００人あたり２３５人。つまり、４人のうち１人が５歳になるまでに死亡していました。１歳未満の乳児では１５７人でした。世界でもっとも死亡率の高い国のひとつになっていました。

病室の片隅に、未熟児を育てる保育器が置かれていました。壊れていました。「これを見て」と先生がいいました。木でつくった箱で、ガラスのふたがありました。中に電球があり、暖めるようにした、先生自身がすべて手づくりした保育器でした。昔、ヒヨコを育てるのに似た保温器のようなものでした。未熟児がよく眠っていました。

「暖かいだけでもずいぶん違うんです」

先生は自慢気に話してくださいました。

これがリベリアでもっともよい病院のひとつでした。

６万８０００人が住むクララ・タウンというスラム。そこのコミュニティー診療所の小児科には、毎日１５０人から２００人が診察を受けにきていました。訪ねたときは患者であふれていました。28人の職員で診療しているのですが、お医者さんはいませんでした。医者は、人口２６０万人のリベリアで、32人しかいないのです。

初診料は子どもが5リベリア・ドル（日本円で約２００円）で、おとなは10リベリア・ドル（約４００円）でした。その初診料がなくて診療所にこれない母と子も大勢いました。病院で出す薬は無料なのですが、在庫がなく、近くの薬局で買わなければなりません。処方箋《しょほうせん》を書いてもらっても、薬代のない母と子もまた多いのです。

診療所の棚は空っぽでした。もっとも患者の多いマラリアを研究しているのですが、その検査に必要な器具や試薬はありませんでした。電気もきていないので、顕微鏡は、窓のそばで、外の明かりで使っていました。その顕微鏡で使うガラス板のプレパラートの殺菌は、コーヒーの空き缶をアルコールランプで熱して、その上に置いてやっていました。

「なにもかも不足しているけれども、とりあえず検査用の試験管がほしいんです」

内戦中の国にもたくさんいきました。でも、内戦が終わって3年。それなのに前よりも悪くなっている国は17回の訪問では初めて。それだけにショックでした。

「戦争だから」と文句もいわず……

シンジェのケープマウント難民キャンプには、1万5000人が収容されていました。隣国シエラレオネの内戦からリベリアに逃れてきた人で、その逃れてきた地も治安が悪くなって、さらに移送されたのでした。

学校では、戦争で勉強できなかったおとなも子どもも、一生懸命、ノートをとっていました。自立して生活していけるよう裁縫、絞り染め、石けんづくり、大工仕事など、12の研修施設がありました。

リベリアに逃れて3年5ヵ月というアダマ・ジャロさんは24歳でした。夫と、5歳と4歳の子どもがいました。子どもの1人は亡くしたといいました。

家は、わらぶきのような屋根で、土壁、床も土でした。窓はなく、中は蒸し暑く、サウナ状態でした。

表情のない顔でした。アダマさんはいいました。

「きょうはなにも食べていません。きのうも食べたのを覚えていません。いつになったら食べられるようになるかもわかりません」

2日に一回、食べることができたらいいほうといいました。なにもかも不足していました。

食べ物が不足しているのは難民だけではありません。リベリアの子どもたちも多くが栄養不良でした。子どもの福祉の重要な指標のひとつである5歳未満の死亡率は、世界でもっとも高いほうでした。栄養不良が子どもの死の直接、間接の原因になっているのです。

訪問した病院の壁にあった昔のポスターに、母乳がよく出る食べ物はこれ、というのがありました。でも、その肝心の食べ物がないのでした。

心に傷を負った子どもの社会復帰のための施設「いやしの家」で会った、両腕を切り落とされた元少年兵のことを思い出しました。

戦争の悲惨さに、私があまりにも悲しい顔をしていたのかもしれません。別れぎわ、その元少年兵はなぐさめるようにいいました。

「今日は、ごちそうがありますから、いかがですか？」

そのごちそうというのは、野菜と豆の薄いシチューをご飯にかけただけのものでした。私たちには、ごちそうに見えないような簡単なものでした。けれども、これが私が来るというので子どもたちには特別のごちそうだったのです。

お昼を私と子どもたちが一緒に食べることができるように、という心遣いをほんとにありがたく思いました。「おいしそうね」と、私はいいました。

でも、元少年兵は両腕がないのに、あのごちそうをどうやって食べるのだろう。そう思ったら、涙があふれてきました。どんなことがあっても、泣かないで、泣かないで、と決めていたのに。

食べるものがなくても、両腕を切り落とされても、「戦争だから」と文句もいわない。あまりにもひどすぎると思いました。

あなたたちは悪くない

失業率85%、おとなでそうですから、15～16歳の子どもが働く場所はほとんどありません。若い女の子の多くが売春で家族を養っているということでした。

首都モンロビアには、内戦で両親を失った孤児、貧しくて家から出された子、元少年兵と、行き場を失い、ストリートチルドレンとなった子どもたちが集まっていました。とくに元少年兵は、人を殺したといわれてきらわれ、心が荒れていました。いらいらし、しばしば暴力事件を起こしていました。

深夜の街頭は、なにが起こるかわかりませんでした。そんな夜、ストリートチルドレンの元少年兵のグループに話を聞くことができました。現地のユニセフの人たちは、質問している間、怖くて、足が震えた、と後で教えてくれました。

16歳の男の子は、食べられなくなって、ここに出てきた、ゴミの中からアルミや銅を拾ってきて売って生活している、といいました。ほかの男の子も、お金がなくて学校にいけない、生きるために街に出てきた、と。戦争に参加したことについては、村の人を守るため、正義のためだと思った、そして、撃ち合いになったら人を殺したかもしれない、ともいいました。最後に、将来、なにになりたいの？　という質問に、ジャーナリスト、牧師などと答えてくれました。

少しほっとしました。悪いのは戦争で、決して、あなたたちではないんだ、とかわいそうになりました。

深刻な話、それもどうしたらいいんだろう、と絶望的な気持ちになってしまうことの多い訪問でした。そんななかで、子どもってすごいな、やれるんだ、と、びっくりした話もありました。グバーンガにある子どものラジオ局を訪ねたときでした。

「復興のための女性行動」という団体の小さな施設の中にあって、子どもたちだけで、毎日18時間の放送をしていました。モットーは〝勤勉は成功を生む〟なのだそうです。

スタジオは2畳ほどの広さで、電源は自動車のバッテリーを使い、ラジカセ2台で録音しながらの放送でした。ニュースを伝えたり、音楽をかけたり、天気予報、予防注射のお知らせなどもします。

この国を見てどう思ったか、と私もインタビューを受けたのですが、12～13歳のとてもしっかりした男の子でした。最後にスタジオが暗くてよく見えない、といったら、「どうしたらいいですか」と逆に聞かれてしまいました。

お別れの記念に、と子どもたちが私にプレゼントしてくれたのは、手づくりの、カセットテープのケースを利用したゲルマニウムラジオでした。昔、鉱石ラジオと呼ばれていたもの。うれしい贈り物でした。

１８２２年、米国から〝解放奴隷〟がアフリカに到着した土地が、モンロビアのなかにあるプロビデンス島でした。女性や子どもの憩いの場だったここも、内戦で、荒れ果てていました。

その島には、巨木がありました。「友好の木」と呼ぶ、この木の下で、解放奴隷と先住民は〝一緒にやっていきましょう〟と握手したのだそうです。

その巨木の幹には、大きなとげがあちこちから出ていました。この国を象徴しているようでした。こんどこそ、リベリアという国名の由来（自由＝リバティ）にふさわしい、自由な、豊かで希望のもてる国にしてほしいと思いました。つらいけどいってよかった国でした。

リベリア共和国　面積11万1370平方キロメートル（日本の約3分の1）。気候は、一年を通して高温多湿。乾期と雨期がある。人口430万人（2013年）。1989年から7年半、内戦が続き、当時250万人の人口のうち子どもを含む25万人が死亡、74万人が難民となって国外に避難し、150万人が国内避難民となった。国民の9割以上が避難民になるか、殺されるかの犠牲になった。2012年、テイラー元大統領はシエラレオネ国際戦犯法廷で、シエラレオネ内戦をめぐる戦争犯罪などの罪で有罪判決を受けた。

第5章

アフガニスタン
2001年

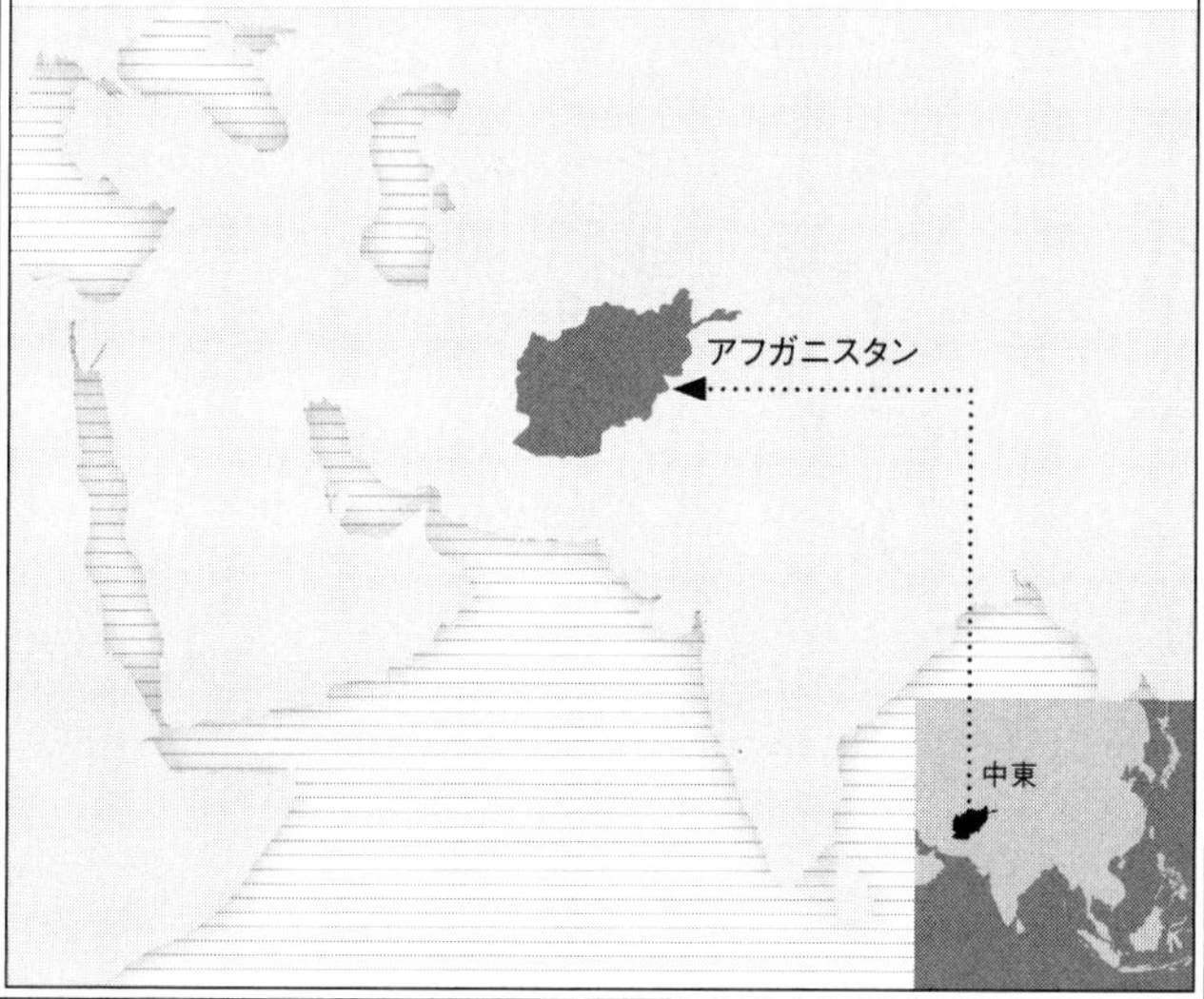

助けを求める子どもたち　アフガニスタン訪問

「私の子は土を食べている」

現在、アフガニスタンの95％の地域を支配しているのはタリバン（神学生という意味）という組織です。バーミヤンの石仏を破壊したのも、このタリバン。イスラム原理主義者とも呼ばれています。国際的テロリストをかくまい、女子教育を禁止するなどの人権侵害があるというので国際社会から非難されています。

けれども、子どもたちは、助けを求めています。それも緊急に。

ソ連の侵攻後21年間、内戦が続き、そのうえに30年来という深刻な干魃《かんばつ》。ごくありふれた病気で、栄養不良で、命を奪われています。5歳になるまでに1000人あたり257人の子どもたちが死亡し、その死亡率の高さは世界187ヵ国のうち4位です。1000万個あるという地雷によっても、ポリオでも。

政治的な問題や敵味方の違いなしに、人道的な立場で、子どもたちの命を助けるために支援するのが、ユニセフなのです。

私がアフガニスタンを訪問したのは、２００1年9月11日、米国での同時多発テロ事件発生の40日前でした。

アフガニスタン西部の商業都市ヘラート。その郊外のマスラック国内避難民キャンプを訪ねたときでした。ここには13万５０００人が暮らしていました。

気温は45度。風が強いところで、煮えかえるような熱風が砂を吹き飛ばし、目も開けていられないほどでした。３年間、雨が降っていないため、湿気がまったくなく、乾き切っていました。

避難民たちは、土の家をつくったり、あるいは土に横穴を掘って、入り口は破けたビニールでふさいでいたり、ボロ布でテントをつくったり。それもない人たちは地べたにうずくまっていました。

そういうものがずっと並んで、端から端まで5キロもあるというのです。

現地のユニセフ事務所の助言で、私は、頭から黒い布をかぶり、体の線がわからないような黒い洋服とズボンという格好でした。こ

アフガニスタン

こでは女らしいところは隠さなければならないのです。

その私の服を引っ張って、女性たちが口々に訴えたのでした。赤ちゃんを抱いている女性もいました。みんな日焼けと汚れで真っ黒な顔をしていました。

「ここへきたのにテントがない」「飲み水がない」「食べ物がない。私の子は土を食べている」「もうどうしたらいいの」

すごい迫力でした。長い内戦でほとんどは夫を亡くしていました。そこに干魃です。穀物など農作物は75％が収穫できなくなっていました。

途中、私たちが見たスイカ畑も、一面ひび割れ、砂漠のようでした。

女性たちは、村を離れ、子どもの手を引いて、国内避難民キャンプにたどり着きました。ここへくれば、食べ物がある、そんな希望を抱いてきたのでした。

ところが、ここでも希望は裏切られました。

泣いていたおばあさんが、突然、いいました。

「ノー・ホープ！（希望がない！）」

避難民キャンプのちょっとはずれ、小石を舟形に積んだ小さな山が続いていました。子どもを埋めたお墓でした。子どもの身長に合わせて土を盛っていました。50センチくらいのちいち

ヘラート郊外の国内避難民キャンプにて

ゃいものがあったり。小山は、ずっと向こうまで、いくつもいくつもありました。

アフガニスタン全体では、年間30万人もの5歳未満の子どもたちが、栄養不良、病気などで死んでいるのです。

ここでは私たちが思っているより、ずっとたいへんなことが起こっていると思いました。

昨冬は、突然の寒波で悲劇が起こりました。零下25度にまで下がり、雪が降り続きました。子どもたちは、栄養不良、着るものも満足に持っていない、はだしです。子どもたちは死んでいきました。

ユニセフはすぐに毛布などを調達し、犠牲者を最小限にするようにしました。それでも、ことし1月から2月に、死者は子どもを含めて650人以上にもなりました。

現地のユニセフ事務所の所長は私にいいました。

「ことしの冬は一人の子どもも死なせない」

秘密学校　夢は先生

女性の権利を認めない――タリバンへの国際的な批判です。

女性が外に出て働くことの禁止。女性一人での外出禁止。どうしても外出しなければならないときは、夫か親戚の男性が付いていく。そのときはブルカという布を頭からかぶって、顔を見せてはならない。目のあたりがメッシュになっていて、そこから外を見ます。首筋、垂れた髪、腕、腰のあたり、とにかく女らしいところはすべて隠さなければなりません。

それから音楽の禁止、踊りの禁止、絵を描くことの禁止。これは男女ともで、あまりにも禁止が多いのに驚きます。違反すると宗教警察から処罰されます。

ヘラートの街のあちこちの空中に、直径50センチぐらいの球みたいなものがきらきら光っていました。風が当たり、ピーピーと音を出していました。何かな、と思っていたら、カセットテープから引き出したテープを丸めて、串刺しにしたものでした。

〝音楽テープを聴くことの禁止〟。そのためにテープをさらしものにしているようで、怖い光景でした。

そして、女子教育の禁止です。小学校で学ぶことのできる子どもは男の子で、それも39％です。

私の訪問の目的の一つは、禁止されている女子教育を認めてほしいとタリバンに申し入れることでした。

ヘラート郊外の国内避難民キャンプ・シャイダイーを私たちは訪ねました。テント学校があるからです。タリバンによって一時閉鎖されていたのですが、ユニセフの支援で7月に再開したばかりです。

テント学校では、700人の子どもたちが読み書きを学んでいました。でも、宗教上、男の子と女の子が一緒には勉強できないので、別々のテントでした。

気温は40度以上、テントの中はたいへんな暑さでした。けれども、男の子たちも、女の子たちも、文字を覚えようと一生懸命でした。みんなニコニコしていて、ハイ、ハイ、ハイと手を上げて、ほんとうに生き生きとしていました。

私は、タリバンの知事にお会いしました。知事は32歳、話がうまく、どこで息つぎをしているかわからないほどでした。

私は、国内避難民キャンプで、女の子にも教育を許していることにお礼をいいました。矛盾しているのだけれども、ユニセフはタリバンとうまくやっていかなければ、子どもたちを助けることができないのです。

知事はすぐさま説明を始めました。

「イスラム教の教えでは、女子教育を禁止してはいないのです。ただ、人びとが飢えて苦しんでいるときに、教育を与えることはできません。女の子に勉強させようとすると、顔や体が隠せるように仕切った教室が必要です。それにお金がかかります。いまは、その経済力がないのです」

知事は、女の子にも教育が必要なことをはっきりといいました。もし、その言葉が本当なら実行に移してほしいと思いました。日本でアフガニスタンについて勉強したとき、タリバンでも全員が同じ考えを持っているわけではないと聞いていたので、柔軟な人もいるのか、と考えました。

ヘラートから車で3時間。護衛のタリバン兵も車酔いするほどのガタガタの荒れ地を走ってゴーリヤン地区へ向かいました。ユニセフの交渉によって、タリバンが黙認している女の子のための秘密の自宅学校をめざしたのです。

土壁に囲まれた不思議な建物に着きました。中は暗く、頭を上げると天井にぶつかるほどのトンネルになっていて、まるで迷路でした。土の階段を上がって、3階の小さな部屋が教室でした。まだ始めて1年ということでした。

ここで70人の女の子が勉強しています。ただ、いっぺんに教室に入りきれないので、20人ぐらいずつが交代で学ぶ授業でした。先生は女性で、ひそむようにひそひそ声で教えていました。

勇気があるな、と思ったのは、女子教育の禁止といっている国で、地域の人たち、といってもほとんどが内戦で夫を亡くした女性たちですが、お金を出し合って、先生を雇い、教科書も買って、女の子たちに教育させているということでした。こうした秘密学校がゴーリャン地区だけで35もあるといいます。

こんなことをしなければ女の子は勉強できないなんて。日本では想像もできないことでした。

女の子たちに尋ねました。

「将来、なにになりたいの？」

「先生になりたいです！」

どの子も笑顔で答えました。キャンプの子と同じ、前向きで、希望を持っていました。

あまりにも状況がひどく、出口がはっきり見えない、やりきれなさが続いていたなかだったので、私はうれしくなりました。

失明した少女の笑顔

ヘラート郊外の国内避難民キャンプ・シャイダイーでは、子どもたちが地雷について学んでいました。実際に、いろんな形の地雷を土から半分見えるように埋めて、その周りには赤いペンキを塗った石が置いてありました。

先生は一つひとつを示しながら説明していました。

「赤い石を見たら、絶対に近づかないように」

青く塗った石があるときは注意で、白い石はよくわからないから、やっぱり近づかないように、ともいっていました。また不発弾も何種類か埋めてあって、そういうもので遊ばないことも強調していました。

子どもたちが勉強する、もっとも大事なことが「地雷」というのも気の毒に思いました。日本の子どもなら草むらがあればどこでも安心して走っていきます。でも、ここはそれができません。

アフガニスタンに埋められている地雷は１０００万個。犠牲者は毎週１００人にもなっています。

地雷はちょっと触れただけで爆発します。子どもは体が小さく、命を失うことも多いのです。病院は、１００万人にひとつしかありません。運よく助かっても、手足を失ったり、失明したり、耳が聞こえなくなったりしています。

羊飼いの12歳のグルバディンくんも地雷で左足をものの付け根から失いました。リハビリセンターで義足をつけて歩く練習をしています。その義足は簡単なもので、木の棒の先に靴がついているだけでした。それでも、つえをついたら歩けます。

グルバディンくんはうれしそうにいいました。

「また、羊と暮らせます。うれしいです」

2ヵ月前に開いたばかりの、盲人協会の学校には、視聴覚障害の子どもたち60人が勉強していました。そのほとんどは地雷での障害でした。ユニセフの援助で、点字や手話を習い、自分の力で生きていけるように職業訓練をしていました。

耳の不自由な男の子に、私は日本の手話をまぜて話しかけました。心が通じたのか、ほんとうにうれしそうな表情でした。

11歳の女の子のソメーちゃんは自宅近くで友だちと遊んでいて地雷に触れ、その破片で失明しました。子どもたちの身近なところに地雷があるのです。

ポツンと目の不自由な小さな女の子が立っていました。私はそばによって、その子の手をとりました。その手で私の顔を触らせました。いまあなたに話しかけているのはこんな人ですよ、って。

女の子は小さい声でいいました。

「私のお母さんと似ているわ。お母さん、ずっと帰ってこないのよ。でも、絶対、帰ってくるから、ここで待っているの」

もしかしたらお母さんは帰ってこないかもしれない。なのに、希望を捨てないで、女の子はニッコリしました。私はたまらない気持ちでした。

深刻な話が多かったなかで、ちょっとおかしかったのは、ほかのキャンプでしたが、女の子が私に「お父さん、死んだの。お母さんも死んだの。だから、おじさんと住んでいる」と話しているそばで、別のかわいい顔をした女の子が「この子のお父さんはね、あの子はねえ」と、どんどん教えてくれるのです。それがまたすごくよく知っていて、おしゃまな感じで。こんなふうな元気な子がいるんだ、と私は救われたようでした。

そういえば、テント学校の小学生たちも、女子教育が禁止されたなかの秘密学校の女の子たちも、「先生になりたい！」といっていました。

内戦で、お父さんを亡くしても、お母さんを亡くしても、食べ物がなく、ひどい状況であっても、子どもたちは、みんな希望を持っていることに改めて気付き、感銘を受けました。

国内避難民キャンプでも、隣の国のパキスタンの難民キャンプでも、おとなは、夫が、妻が、内戦で死んで、水がない、食べ物がない、と訴え、「ノー・ホープ！（希望がない！）」といいました。

でも、子どもたちは違っていたのです。

神様はきっと子どもたちに希望を持つ力をお与えになっているに違いないと思いました。

同じアジアのなかの、アフガニスタンの子どもたちのことを知ったら、やさしい心の人たちはきっとこんなふうに祈ってくれるのではないかと思っています。

もうこれ以上、子どもたちを苦しめないで！


アフガニスタン・イスラム共和国　面積65万2225平方キロメートル（日本の約1・7倍）。人口2982万人（2012年）の多民族国家。1979年末のソ連の侵攻後、これへの抵抗戦争（ソ連軍は89年に撤退）と、諸勢力間の内戦が続いてきた。この間、100万人が死亡し、600万人が難民として国外に。難民は周辺国に260万人以上、国内避難民は100万人以上にも。タリバンは94年設立の武装グループ。96年、首都カブールを制圧。国土の95％を支配。タリバンを正式な政権として承認してきたのはパキスタン、サウジアラビア、アラブ首長国連邦の３ヵ国だけだったが、２００１年9月11日、米国での同時多発テロ事件後、アラブ首長国連邦は承認を取り消した。タリバンに対決している北部同盟は北部地域で戦闘を続けていた。10月には米・英などが北部同盟と協力し、空爆を開始し、タリバン政権は崩壊した。

第６章

アフガニスタン
ソマリア
2002年

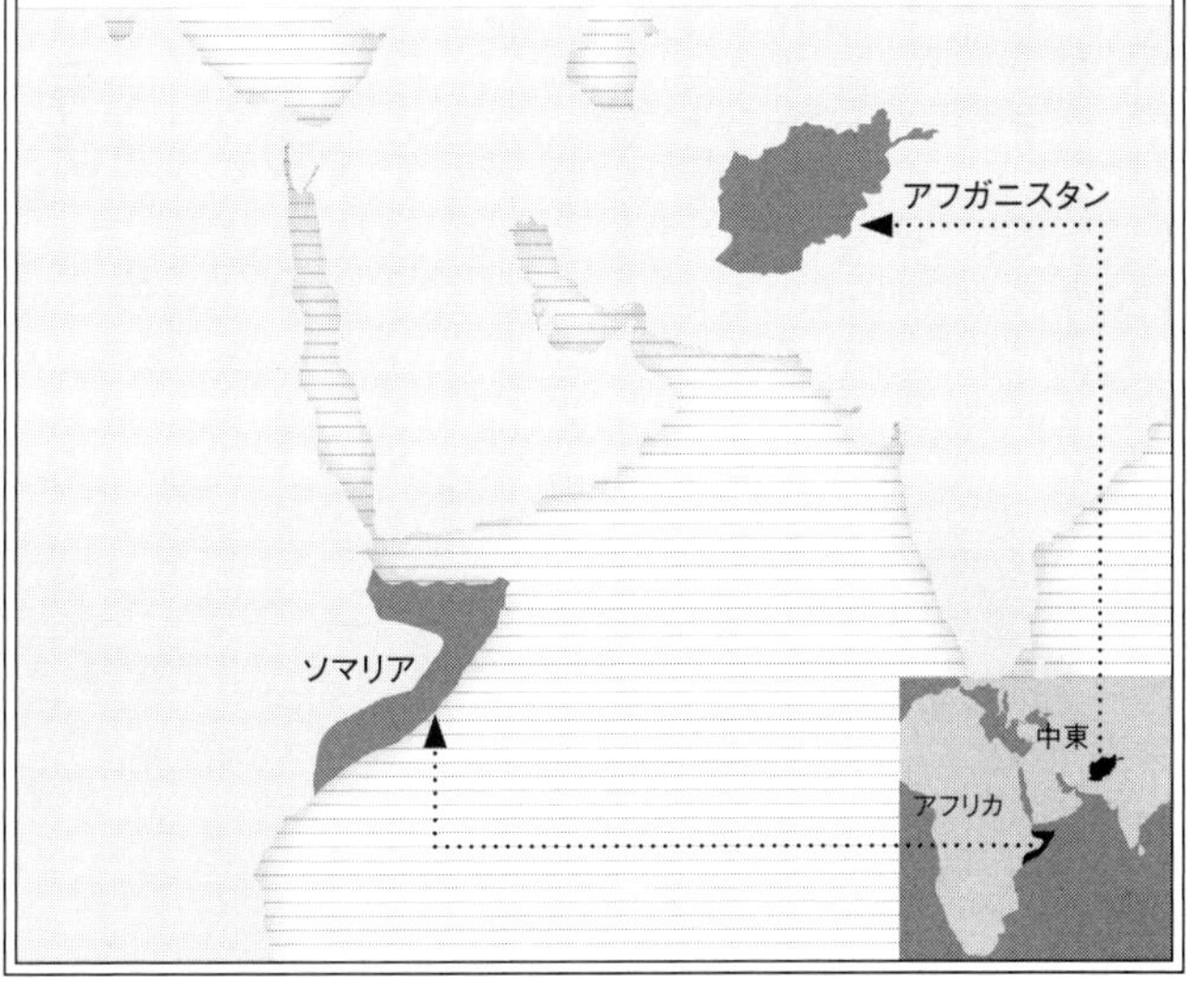

凍土の子どもたち　アフガニスタン再訪

首都にストリートチルドレン5万人

アフガニスタンへは、２００１年の下旬に訪ねました。その3カ月後、米国などによる大規模な空爆です。飢えとごくありふれた病気で亡くなっていく。学校にもいけない。子どもたちは、もう十分過ぎるほどかわいそうな立場にいました。報道のたびに、私は胸が痛み、仕事が手につきませんでした。戦争は子どもたちのせいではないし、戦争は子どもたちの状態をもっともっと悪くしてしまいます。私が会った子どもたちは、いまどうしているのだろう。2月、私は再びアフガニスタンを訪ねました。

アフガニスタンの首都カブール。その西部は、もっとも破壊が大きい地域でした。タリバンが反対派勢力を処刑したといわれるサッカー場の周辺はまるで廃虚でした。土でできている家が軒なみ崩れ、満足な建物はありませんでした。だれかが「ポンペイの遺跡のよう」といいました。

これはだれが壊したの？　と尋ねると、案内のユニセフの女性職員がいいました。

「黒柳さん、この国は20年以上、戦争をしているのですよ。これはだれが壊して、これはだれが壊したなんて、一つひとつ言えないんです。敵はどんどん替わっていくのですから」

貧しさは、私が前回訪ねた２００１年7月より、いっそうひどいように思えました。氷の張った土のうえを、子どもたちははだしで歩いていました。カブールに住む子どもたちの40％が父親か母親を亡くしています。ストリートチルドレンが５万人。廃虚となった土の色と、子どもたちの洋服の色とが同じように見えました。

そして、物ごいの多さ。私の洋服を引っ張るので見たら、ブルカをかぶった女性でした。手を出していいました。

「夫が死んで、子どもを育てなければならないのです。あなたがたに、おすがりするしかありません」。頭からブルカをかぶっているので、唯一、年齢がわかるのは、ブルカから出た手です。若い手もあれば、しわだらけの手もあります。その人の手は、おばあさんのようでした。

平均寿命は、男性が43歳、女性が44歳のアフガニスタン。子どもの半数以上は栄養不良で、毎年30万人の５歳未満の子どもが死亡しています。内戦を逃れて、難民や国内避難民となった子どもたちは２００万人もいます。地雷の被害は世界でもっとも多く、７万人の被害者のうち半数が子どもたちでした。どれも世界最悪でした。

タリバンは、女性が外で働くこと、女の子が教育を受けることを禁止しました。女子の小学校の就学率は3％でした。

ユニセフは、学校再開を復興の優先課題の一つと決め、教科書や教材、文房具の支援を進めてきました。3月21日の新学期には、180万人の子どもがいっせいに登校できるようにするためです。教育にかんする限り、いまは女の子たちも学校にいける〝希望のとき〟なのですから。

首都カブールの、公立の女学校を訪ねました。冬休み中でしたが、タリバン時代に教育の機会を奪われていた子どもたちのために補習学級を開いていました。

1ヵ月半前、補習学級を始めたとき20人だったのが、半月後には2000人に増え、いまは2600人にもなっています。二部制で、午前中は女の子のために、午後は近隣の村の男の子のために教えていました。

3ヵ月の補習授業のあと、テスト結果によって学力に合った学年を決めます。学校再開は学年を決めるところから始めなければならないのです。

校長先生はハフィジさん（55）というきれいな女性で、1ヵ月半前に避難先から戻ってきたばかりでした。幸せという表情でいいました。

カブールの女学校にて

「子どもたちに勉強を教えることができるなんて。タリバン時代には20人ぐらいの女の子に秘密の〝家庭学校〟で教えていました。ほかの先生たちも、近所の主婦を装って、数人の女の子たちを教えていました」

タリバン時代、学校は閉鎖され、建物はタリバンに使われていました。教室にあったいすや机は壊され、木という木は暖をとるために燃やされました。

教室では、子どもたちがコンクリートの床にじかに座って、勉強していました。教室に入りきれない子どもたちは、校庭で勉強していました。みんな一生懸命でした。

カブールの冬は寒く、1月の平均気温が零下1・8度、2月が零下0・3度でした。最低気温は零下12度とか、零下16度にもなります。ひどい時は零下25度です。

ところが、子どもたちの服装は、私が訪ねた昨年7月の45度もあったときとあまり変わりません。ソックスも履いていませんでした。

けれども、表情は前回とまったく違っていました。ひそひそ声で、隠れるようにしていたのが、今回は声も大きく、明るさがありました。先生たちも生き生きと教えていました。

小学5年生のクラスは、10歳から15歳ぐらいの女の子が学んでいました。私は質問しました。将来、何になりたいのって。

女の子たちは答えました。

「弁護士」「裁判官」「パイロット」「スチュワーデス」「エンジニア」「学校の先生」「お医者さん」

じゃあ、家庭の主婦になりたい人は？　と尋ねました。日本ではお嫁さんになりたいという子がいるからでした。

みんなは首を振っていっせいに叫びました。

「やだ、やだ、やだ。家庭に閉じこもるなんて絶対いや！」

先生も私も思わず笑ってしまいました。

女の子たちは希望をいっぱい持っていました。女性は、自立して、仕事をしていかなければならない。タリバン時代、才能ある女性が、自由を奪われて家庭に閉じ込められたのを見てきた女の子たちの強い思いだったのでした。

ひびとあかぎれいっぱいの手

首都カブールから国連の飛行機でアフガニスタン西部の商業都市ヘラートへ。ここは2度目の訪問です。

私たちは、知事にお会いしました。知事は、タリバン政権以前の知事で、タリバンに捕らえられ、3年間、投獄されました。脱獄したときに乗っていた車が地雷に触れ、左足にけがをし、ずっと入院していた、ともいいました。

「みなさんが援助してくださっているのはわかっています。けれども、栄養不良は深刻で、とくに農村の被害が大きくなっています。ここから100キロ離れた村では、人びとは草の根を食べて命をつないでいます。母親は飢えのために母乳が出ません。政治的な問題ばかりでなく、ここにも目を向けてほしいのです」

アフガニスタンでは、子ども4人に1人が5歳になるまでに死亡し、約半数が発育障害をもち、10%が重度の栄養不良です。

私たちは干魃の被害が大きい農村へ向かいました。ヘラートから東へ60キロほどのマロメ村です。

途中、カロック・センター診療所を訪ねました。待合室には、ブルカをかぶった女性が10人くらい座っていました。赤ちゃんを抱っこした女性に尋ねました。

「生後9ヵ月になる孫のサフィウラの具合が悪いので、8キロの雪道を2時間歩いてきました。隣にいるのが娘で、娘も病気です。家には7人の子どもを置いてきました」

女性の靴を見たら、つっかけのようなものでした。これで雪が積もり、氷のようになった道を歩いてきたのでした。なかには40キロも歩いてくる人もいるといいます。

所長のダキキさんはいいました。

「人びとは貧しいため、援助物資を売ってしまうので、栄養不良がひどいのです」

何がいちばん必要ですか？　という質問に、ダキキさんは「あまりにもいっぱいあって、それを説明する時間がありません」。

マロメ村は、５００世帯が暮らしていました。家は土でつくられていました。アフガニスタン第一の商業都市というヘラートから車で2時間、そこに崩れそうな窓もない土の家に住んでいる人がいるなんて、なかなか信じられないことでした。

その土の家の一つを訪ねました。中は冷たく、あるのは小さなこたつだけでした。木が燃えて炭のようになった熾《おき》がちょっと入っていました。

アベダラさん（35）は「トラックの運転手をしていました。でも、３ヵ月前からその仕事もなくなった」といい、兄のハピズラさん（55）は「大麦やジャガイモ、ブドウなどを栽培していたけれども、干魃のため、この4年間、ほとんど収穫がない。羊などの家畜も失ったので、妻も羊毛を刈ってじゅうたんを織る仕事ができないでいます」と。

こたつの周りには、お母さんや孫たち10人ほどが静かに座っていました。

きょう、なにか召しあがったのですか、って聞くと、アベダラさんが答えました。

「ええ。朝、残っていた少しのパンをみんなで分けて食べて、お茶を飲みました。これでもうなにも食べるものがありません」

子どもたちだけでも、と私たちが持っているお昼のパンをあげました。

アベダラさんはお礼をいい、「お茶ならお出しできます。せめて、お茶を飲んでいってください」。

自分たちは食べるものがなくても、お客さまをもてなすのがいちばんという、その気持ちに涙が出てしまいました。

マロメ村では、ユニセフが支援物資の配給をしていました。家族の人数に合わせ、毛布、セーター、ゴム長靴、ソックス、子ども用の手袋などでした。受け取りにくるのは男性だけで、夫のいない家では、小さくても息子を出します。

私が支援物資を手渡していたら、8歳ぐらいの男の子が手を出しました。ちいちゃい、かわいい手でした。

私は、この子の手に、手袋をはめてあげようと思いました。その子の手を持って、思わず、あーっと声をあげてしまいました。手の甲は、まるで象の皮のように厚く、固く、ガサガサになっていました。ひびとあかぎれで、痛々しく、とても幼い子の手ではありませんでした。

マロメ村では、飲み水がなく、日の出前に5キロ離れた水源地までくみにいかなければなりません。水運びは、主に子どもの仕事でした。

雪とぬかるみの道を1時間以上も歩くのに、その靴は、つま先とかかとがあるだけのゴム靴みたいなものでした。ソックスも履いていません。はだしの子どもだっていっぱいいます。

私は、両手で、しっかりと、その子の手をはさみました。

「えらいのね、よく働くから、こんな手になったのね」

そのひびとあかぎれでいっぱいの手に手袋をはめてあげました。ちょうどいい大きさでした。

「暖かい？」

少しはにかんで、うれしそうにいいました。

「うん、暖かい」

どこまでも自由に飛びたい

商業都市ヘラート郊外の、もっとも大きいマスラック国内避難民キャンプ。2001年7月に訪ねたときでした。集まってきた女性たちが、いきなり私の服を引っ張って、「テントがない」「飲み水がない」「食べ物がない。私の子は土を食べている」と訴え、泣きながら「ノー・ホープ！（希望がない！）」といったところでした。

そしていま、タリバン政権は倒れ、空爆と散発的な武力衝突があるものの、一応、平和になりました。けれども、ここで暮らす人びとは13万5０００人から20万人にふくれあがっていました。キャンプは幅5キロにも連なっていました。

干魃がそれだけひどく、村に住んでいられなくなった人たちでした。それから、内戦で夫を亡くした女性たち、両親が亡くなったか、両親と離れ離れになった子どもたちでした。キャンプにいけばなんとかなるだろう。そう思ってやってきたのでした。

私たちは、石とボロ布でつくったテントに10人で暮らす家族を訪ねました。中は薄暗く、冷えていました。夏には気温が45度もあったのに、冬のいまは零下です。暖房はもちろんありませんでした。

妻のカイルナサさんは話しました。

「3ヵ月前、4日間、昼も夜も歩いてきました。途中、生後5ヵ月と1歳半の子どもを亡くしました。病院に連れていくこともできませんでした」

カイルナサさんの目に光るものがありました。抱っこしていた3歳になる子は、小さく、栄養不良で、とてもその年齢には見えませんでした。

将来どうなさるんですか、と私は尋ねました。

夫のアブドゥルさんは答えました。

「雨が降ったら故郷へ帰ります。農業をやりたいと思っています」

テントの中には毛布が敷いてありました。昨年は、みんな、土の上にじかに座っていたのに。

私は、ユニセフのアフガニスタン事務所の所長が昨年の夏に約束したことを思い、胸が熱くなりました。〝ことしの冬は一人の子どもも死なせない〟って約束です。

予想では、アフガニスタンで、寒さと栄養不良で、12万人から13万人の子どもが死ぬだろう、ということでした。

ユニセフは、空爆のなか、２１２台のトラックでコンボイ（集団輸送隊）を78回組んで、道のないところではロバに移し替えて、合計４０００トンの支援物資を運んだのでした。

20万人の子どもに毛布や服を届け、このほか補助給食、救急医薬品、テントなども届けました。

これまで年間70万人の子どもが冬に流行するはしかにかかり、３万５０００人が死んでいました。それを防ぐための予防接種も進めてきました。

こうして最悪な事態が避けられ、子どもたちの命が救えたということ。これこそ人道的な行動だと、みんなの勇気と情熱に、私は心がふるえました。涙が出る思いでした。

もし、この国内避難民キャンプで、寒さで12万人の子どもが死んだら、新聞に出るでしょう。でも、ユニセフ事務所の所長が、夜も寝ないで、子どもたちに送った毛布などのおかげで、死にませんでした。だから新聞には出ません。これこそ人道的というのだ、と思いました。


アフガニスタンでは、過去20年間で、それぞれの武装集団各派が18歳未満の子どもを兵士に使い、子どもの66%は、人が殺されるのを、親が殺されるのを、目の前で見ています。そこに空爆です。子どもたちは、飛行機を見ると暗いところに隠れたり、悪夢を見たりするといいます。

難民や国内避難民になった子どもたちは200万人もいます。街には、ストリートチルドレンがあふれていました。小さい子を連れ、また家計の主な担い手となっていました。暖かい家で、お風呂に入れ、きれいにしてあげたら、どんなにかいいだろうなって。かわいそうでした。

けれども、子どもたちは、未来について話すことができるようになりました。

ヘラートのアミル・アリ・シェリナワイー女学校を訪問したときでした。ユニセフの援助で、いす、床敷き、教科書、ノートをそろえ、１ヵ月前に再開したばかりでした。７歳から11歳の女の子２２５０人が三部制で補習授業を受けていました。

４年生の女の子がすごくすてきな詩を読んでくれました。

「私は、春、夏、秋、冬があることを知っていました。でも、いつが春で、いつが秋なのか、わかりませんでした。私たちは、自由になって、春のすばらしさがはっきりわかりました。私たちは、春のなかにいます。そして、手を大きくはばたいて、空へ、空へと、どこまでも自由に飛べるのです」

夕方、首都カブールの空に凧《たこ》が揚がっていました。凧揚げは、タリバンが禁じ、子どもたちから奪っていたものでした。いろんな形の凧がいくつも、いくつも。それは、自由の象徴のように見え、胸が熱くなりました。

凧もとを捜したら、家の密集しているところで、子どもたちがキャアキャアいいながら、上手に揚げていました。凧が落ちそうになったので、私が「あららら」といったら、子どもたちもおもしろがって「あららら」と。何度も何度も。明るく、透き通った笑い声でした。

この半年間で、アフガニスタンの行方が決まるといいます。

この子たちの笑顔が消えないうちに、私は、できるだけのことをしたいと思いました。

忘れられた子どもたち　ソマリア訪問

満腹の体験　それは「爆撃の前」

忘れられた国ソマリア。でも、そのソマリアの子どもたちのことを、私は決して忘れていませんでした。

１９９２年、ユニセフ親善大使として、やっと内戦が終わったエチオピアを訪ねたときでした。ソマリアとの国境のすぐそばの村でした。ソマリアでは激しい内戦が続いていて、川をはさんだ対岸のソマリアから難民が逃れてきていました。エチオピア側の３５００人の村が７万２０００人にもふくれあがっていたのです。

エチオピア側の川岸で見ていると、難民が川をいかだに乗ってきます。子どもを何人も連れた母親、小さい弟を背負い、妹の手をひいた少女。着の身着のままでした。

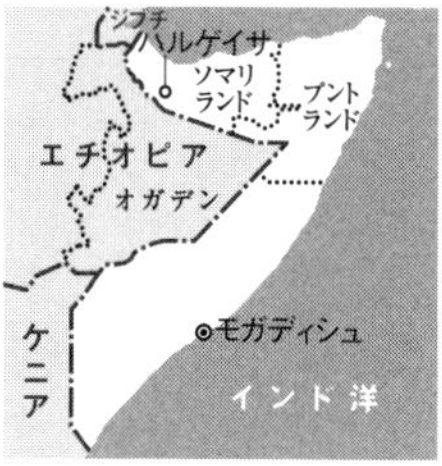

ソマリア

ソマリアからきた子どもたちは、みんなひどくやせていました。栄養不良でした。着るものはほとんどないので、体中の骨が浮き出て、ひざのお皿の骨まではっきり見えました。髪もすっかり抜け落ち、頭蓋骨《ずがいこつ》の形もわかりました。私はこれまで、これほどやせて、それでも必死におとなについて歩いている子どもの姿は見たことがありませんでした。

そのとき、内戦が終わったらソマリアを訪ねたいと思いました。以来、その思いをずっと持ち続けてきました。

2001年9月11日の米国での同時多発テロ事件でアフガニスタンは武力報復を受けました。そして、次の攻撃目標にソマリアの名があがったとき、私は、これでソマリアが空爆されたら、子どもたちはどうなるのだろうと、いてもたってもいられませんでした。もうすでに十分過ぎるほどかわいそうなのに、もっと悲惨なことになってしまいます。アフガニスタンの子どもたちがそうでした。

あのときエチオピアに逃れた子どもたちは生きていたら17〜18歳になっています。ソマリアに帰っているのなら、会いたいと思いました。

ソマリアは、いまも内戦が続き、過去11年間、統一した中央政府がなく、状況は非常に危険です。首都モガディシュには、5つの武装勢力が争い約1万5000人の武装軍がいて、治安が悪く、いくことができません。日本の外務省は全土で退避勧告を出しています。訪問は、少しでも安全なところをとの配慮で、国連セキュリティー（安全）の責任者がソマリアで活動する６つのユニセフの事務所などと連絡をとりながら、スケジュールは出発寸前まで十数回変更されるほどでした。

私たちは、ソマリアのなかでも治安のいい北西部のソマリランドを訪ねることになりました。

その中心都市ハルゲイサは88年から89年に政府軍の空爆を受け、完全に破壊されました。土でできている家は崩れ、めちゃくちゃ。満足な建物はほとんどなく、廃虚の感じでした。もっとも大きい、石造りの３３００席の劇場は、柱がすべて横倒しになり、天井が吹っ飛んで、青空が見えていました。私は舞台だったところに立ちました。はりの鉄骨はあめのように垂れ下がり、がれきと化していました。

１９００年代中ごろ、英国植民地政府によって建てられた迎賓館も破壊され、すべてのものが盗まれていました。その空き地には小屋が５００戸ほどひしめき、約２３００人の国内避難民が住みついていました。

小屋は、長い木の枝がないので継ぎ足して端を地面に刺し、枠をつくり、周りを何重にもボ口布や古着、ビニールなどで覆い、小包みたいにひもでぐるぐる巻きにした鳥かごのような形でした。

小さな入り口をかがんで入ると、中は暑く、頭がボーッとなるほどでした。お母さんは生後5ヵ月の赤ちゃんを抱いていました。お母さんのひざに顔をつけ、泣いていたのは4歳の女の子でした。体が小さく2歳ぐらいにしか見えません。小さいときの栄養不良で脳に障害を起こし、足がなえて歩けないのでした。

そのお母さんは、13歳の息子を頭に子どもが6人いて、夫はけがをして障害者になった、激しい空爆でエチオピアに逃げ難民になった、そこの難民キャンプに7年ほどいて、3年ほど前に故郷ソマリアに帰ってきた、と話してくれました。

92年にエチオピア国境の川岸で見た難民はこういう人たちだったのでした。

きょう、なにか食べましたか、と聞きました。

お母さんは答えました。

「昼間は残っているものを食べたんですけど、夜はなにもないので寝ることにします」

35歳ぐらいのお母さんのほおはこけ、やつれていました。日本の同年代の女性なら、楽しみがたくさんあって、どうやったら、きれいになるかしら、といっているようなときです。

私は質問しました。おなかいっぱい食べたのはいつだったか覚えていますか。

「もちろん、忘れるはずはありません。爆撃の前、親も生きていて、姉妹も生きていて、私、おなかいっぱい食べたことがあります。毎日、毎日、その日のことを思い出すんです」

私は胸がつまりました。希望はありますか、と尋ねました。

「ほんのちょっとでもお金があったら、市場へいって、子どもたちに食べ物を買ってやりたいんです」

一番の希望が、子どもに食べ物を買ってやること。ささやかな希望でした。ほかに何人ものお母さんに聞いたけれども、ほとんど同じ答えでした。

お母さんの責任じゃない、子どもたちの責任でもない、国の指導者の考えた政策でこんなことになっているんだと、私の胸は、つぶれそうでした。

少女を傷つける性器切除

ソマリアは、子どもの死亡率が世界でもっとも高い国の一つです。1歳になるまでに1000人のうち132人が死んでいます。6人に1人です。5歳になるまでには4人に1人となります。

食料不足が深刻で、子どもたちは慢性的な栄養不良です。栄養不良だから、感染症への抵抗力がありません。死亡の半数以上は肺炎などの呼吸器感染症、下痢性の病気、マラリアなどです。破傷風も死因の一つになっています。武力紛争と長引く干魃が起こっている地域では、とくにひどい状態といいます。

病気を防ぐための予防接種を、生後1年以内に受けるのは10％ほどしかありません。ポリオの発症もあります。いったん、はしかが流行したら、多くの子どもたちが犠牲になります。

母親の出産時の死亡率も高く、10万人あたり１６００人、１００人のうち１人か２人が亡くなっています。

助産師さんはいいました。

「ソマリアの女性は世界でもっとも命の危険が高いなかで暮らしているのです。主な原因は、出産時の出血や感染症などです。出産前後のケアもほとんどされていません。貧困や女性性器切除（ＦＧＭ＝Female Genital Mutilation）の習慣も妊婦さんに大きな負担を強《し》い、状況を悪化させています」

ソマリランドの中心都市ハルゲイサから車で2時間半、ボロマの街にあるイブ女性協会を訪ねました。ここで、私たちは、ＦＧＭを撲滅しようと活動している女性リーダーたちと交流しました。

ＦＧＭは、ソマリアなど多くのアフリカの国に古くからある習慣で、生理が始まる年齢までに95～98％が受けています。この習慣は、女性を肉体的、精神的、心理的に傷つけ、分娩にともなう困難、高い妊産婦死亡率の原因にもなっています。

ユニセフなどの国連機関や市民団体は、こうした問題がオープンに話し合えるようにし、やめさせるためにとりくんでいるのでした。ただ、ＦＧＭをしていないと結婚の相手が見つからない、結納金ももらえないということもあって、なかなか大変と、うったえました。

何代にもわたってＦＧＭの施術者という女性に細かく質問しました。

施術者によって少し違うのだけれども、だいたいのやり方はこうでした。

女性性器のクリトリス、次に小陰唇、大陰唇すべて切り取り、膣《ちつ》の内部も少しえぐり落とす。そして、尿と月経血のために小さな穴を一つ残して縫い合わせてしまうというものでした。

ＦＧＭについては、１９９３年にユニセフ親善大使としてスーダンを訪ねたとき説明を受けていました。けれども、改めてショックだったのは、切除するのにカミソリがあればまだいいのですが、ないときにはさびたナイフや鋭利な石を使う。針がないときは木の長いトゲで性器に穴を開けて、そこに木綿の糸や植物のツルを通して縫い合わせます。消毒も麻酔もありません。足をしばられ、痛さで泣き叫んで、気絶することもあるそうです。

9歳のときにFGMを受けた35歳のカドラさんはいいました。

「痛い思いしかありません。尿も月経血も出にくくなり、下腹部にいつも痛みが続くようになりました。感染症と腎臓病に苦しめられています」

縫い合わされた性器は、結婚して初夜のときに糸を少しだけ切ります。でも、癒着があって、十分に広がりません。でも処女を重んじる男性は、FGMが必要なのです。

失礼だとは思ったのですが、私は小さな声で聞きました。だんなさんは今でもあなたの体を求めますか。

「ええ。でも痛くて、ただの一度もいい気持ちになったことはありません。ただ夫と二人だけでいられるのがうれしいんです」

あまりにもかわいそうな気がしました。何人かの女性に聞きましたが、ほぼ同じ答えでした。

ソマリアからエチオピアへ内戦を逃れ、がけからおりて、いかだで川をわたって、難民となった女性たちのことを思い浮かべました。性器が、縫い合わされていて、いつも下腹部が痛く、尿もよく出ない、そんな状態だったのかと思うと、気の毒としかいいようがありませんでした。

私たちは、ソマリアで最高の水準という産科病院を訪ねました。ことしの3月に開いたばかりで、すでに451人の出産があったといいます。

院長のエドナさんは64歳、ソマリア人女性として初めて奨学金をもらい英国で勉強した助産師です。32年間、WHO(世界保健機関)に勤めたあと、私財をすべて寄付し、この病院を創設しました。

「私は25年前から家族の反対を押し切って、FGM撲滅のためにたたかっています。そういう私自身も、医者も看護師もみんなFGMを受けているので、その苦しみはよく知っています。だから、助け合って、とにかく子どもを無事に産ませようと産科病院をつくったのです」

FGMを受けた妊婦が子どもを産むときはどうするのかを尋ねました。

「陣痛が始まって、赤ちゃんの頭が見え始めたら、すべての糸を切ります。それでも産道の広がりが悪くて赤ちゃんが出てきません。ここでは帝王切開ができますが、村などでは付添婦が膣を4~5ヵ所切ります。とにかく大きく開けて、赤ちゃんを取り出さないと大変なのです。私たちの病院ではしませんが、子どもを取り出したあとは、また縫い合わせます」

エドナさんは夢も語ってくれました。

「病院には看護学校があって、第1回の募集に40人が合格しました。将来は、学生を海外留学させるつもりです。ソマリランドには医学校がないので、より専門的な知識と技術を身につけた看護師を養成したいんです」

返事は「国連に勤めて子どもを守りたい」

朝8時、私たちはソマリア北西部ソマリランドの中心都市ハルゲイサの孤児院を訪ね、そこの子どもたちとサッカーの試合をすることにしていました。

というのは、いろんな国の難民キャンプで、子どもたちがボロ布をぐるぐる巻きにしたボールでサッカーをしているのを見ていたからでした。栄養が悪くても、ボールがなくても精いっぱい走り回っていたのです。

1993年に訪問したスーダンの国内避難民キャンプもそうでした。子どもたちに、いまいちばんほしいものは？　と聞いたときでした。「ノートがほしい」といった答えが多かったのですが、小さな声が聞こえてきました。「サッカーボール」って。

子どもたちにサッカーボールをあげたい。ずっとずっと思い続けてきたことでした。ことしはワールドカップがあったばかりだったので、ボール10個を持っていこうと決めていました。

サッカーが大好き。サッカー選手に憧れる子どもも多い

買うのは簡単なのですが、孤児院の子どもたちにプロのサッカー選手からのプレゼントといって渡したいと思いました。それでお忙しい三浦知良《みうらかずよし》さんにお願いしたら、快く、空気入れまでつけてプレゼントしてくださいました。

サッカーの試合は、孤児院の横の広場で、子どもたちへのボールの贈呈式から始まりました。

私が「日本の有名な選手、キングカズから」といったら、みんなは「カズ！」といって、ぴかぴかのボールを触りました。

さあ、試合です。ソマリアの子ども対おとなに分かれて、私はおとな組でした。ユニセフが用意したTシャツを着て。それは、子ども組が白で、おとな組はブルー。胸に「ソマリアのトットちゃん」、背中に「予防接種を！」とプリントしてあります。

子どもたちはやる気十分でした。はだしで蹴《け》って、それがすごい力でした。子ども組が優勢だったのですが、おとな組もやっとゴールして、1対1の同点になりました。私は初めてのサッカーでしたが、ボールを蹴ったし、ずいぶんと走り回りました。

試合後はシュートの練習でした。女の子たちも並び、ボールを蹴りました。いままでなら女の子たちはサッカーなどのスポーツはやらせてもらえません。初めての体験でした。もうキャアキャアといって笑い、すごい喜びようでした。

久しぶりに聞いた笑い声でした。

ハルゲイサ孤児院は、15歳までの４１１人の子どもが収容されていました。ほとんどが捨てられた子どもでした。１歳未満の赤ちゃんも12人いました。

政府からの援助はなく、国連の世界食糧計画がメイズ（穀物）の粉や食用油を、ユニセフが医薬品、教材などを援助していました。

所長のモハメドさんは案内しながら説明してくれました。

「ここにいる子どもたちの多くは、トイレや井戸に捨てられ、かろうじて生きているところを連れてこられたのです。捨てられた場所で、どれくらい死んでいるかわかりません」

１週間ほど前、近くに捨てられていたという生後２～３日の赤ちゃんはネマン（希望）と名づけられました。かわいくて、抱っこすると、私をじっと見ていました。

孤児院に入ってすぐのところ、コンクリートの廊下のゴザの上に、うずくまっている女の子を見ました。髪がボサボサでした。

女の先生が「あの子はポリオで歩けないんです。知的障害もあります」と教えてくれました。

私は隣にしゃがんで「こんにちは」といいました。その子は下を向いたまま、もぞもぞと答えました。

女の子は11歳くらいで、体が大きく、目の大きさが左右、少し違っていて、かわいいという感じではありませんでした。

私は手をとって、「お友だち、いないの?」と聞きました。その子はいきなりいいました。

「いるわよ、3人。ファヒマちゃんと……」

私は大声で「ファヒマちゃん」って呼びました。庭で遊んでいた小さな女の子が走ってきて、私のひざにちょこんとのりました。6歳くらいで、髪にリボンをつけた元気な子でした。そして、うずくまっている子のくしゃくしゃな髪をなでていました。知的障害があるという、その子がいいました。

「ファヒマちゃんはね、とっても親切なの。私がほしいもの、なんでも見つけて持ってきてくれるのよ。それにかわいいの、すごく!」

知的障害があるのに、こんなにお話ができるなんて、と思いながら、帰る時間になったこともあって、最後の質問をしました。

「大きくなったら、なにになりたいの?」

「国連に勤めて世界の子どもたちを守ってあげるの」

院長さんも先生たちも驚いて、「あーっ」と声を出しました。

おとなは知的障害とかいっていたのだけれども、そんなことを考えているのです。ファヒマちゃんは、その子の優れているところがわかって、身の回りを手伝い、ほしいものを見つけてきてくれていたのです。

〃トットちゃんの小学校〃の小林先生がいつもいっていたことを思い出しました。〃体の不自由な子も、そうでない子もみんな一緒だよ〃って。私にはうれしい出来事でした。

ソマリア訪問の最終日、私たちは、南部の街フドゥールを訪ねる予定でした。10年前にエチオピアで見た難民の子どもたちは、ソマリア南部の方から逃げてきていたからです。その南部のいまの苦しみも知りたいと思いました。

ところが、訪問する前日に、フドゥールの近くで戦闘があり、100人以上が殺され、200人以上が負傷したという報告がありました。ユニセフがある建物の周辺も武装勢力で包囲されて危険というので、国連の許可がおりず、計画は中止になりました。

ハルゲイサの街は破壊しつくされ、壁が残っていても、その後ろには何もないテレビのセットのようでした。治安は悪く、なにが起こるかわかりません。私だって、さらわれたら、身代金を要求され、どうなるか、わからないのがいまのソマリアです。

でも、そこには子どもたちがいて、お母さんがいて、みんな必死で生きていこうとしているのです。ソマリアに平和を。そして希望を。

ソマリア連邦共和国　面積63万8000平方キロメートル（日本の約1・8倍）。人口1050万人（2013年）。1960年、独立。69年、クーデター。77年、エチオピアと武力紛争（オガデン紛争）。88年、北部で反政府勢力との戦闘が激化。91年、全国的に内戦状態に。大量の難民発生と干魃で最悪の状態に。92年、米国を中心とした多国籍軍が派遣されたが、現地武装勢力との間に衝突が起き、多数の死傷者が出る。95年、多国籍軍は完全撤退する。2000年、暫定国民政府が発足、その後崩壊。01年9月11日の米国での同時多発テロ事件後、米国が「テロ対策」を口実にソマリア国内の金融機関の活動を規制したため海外からの収入が激減し、地域経済に大きな影響を与えている。05年暫定連邦政府（TFG）成立。12年、新暫定憲法が採択され、新連邦議会が発足。

第７章

シエラレオネ
2003年

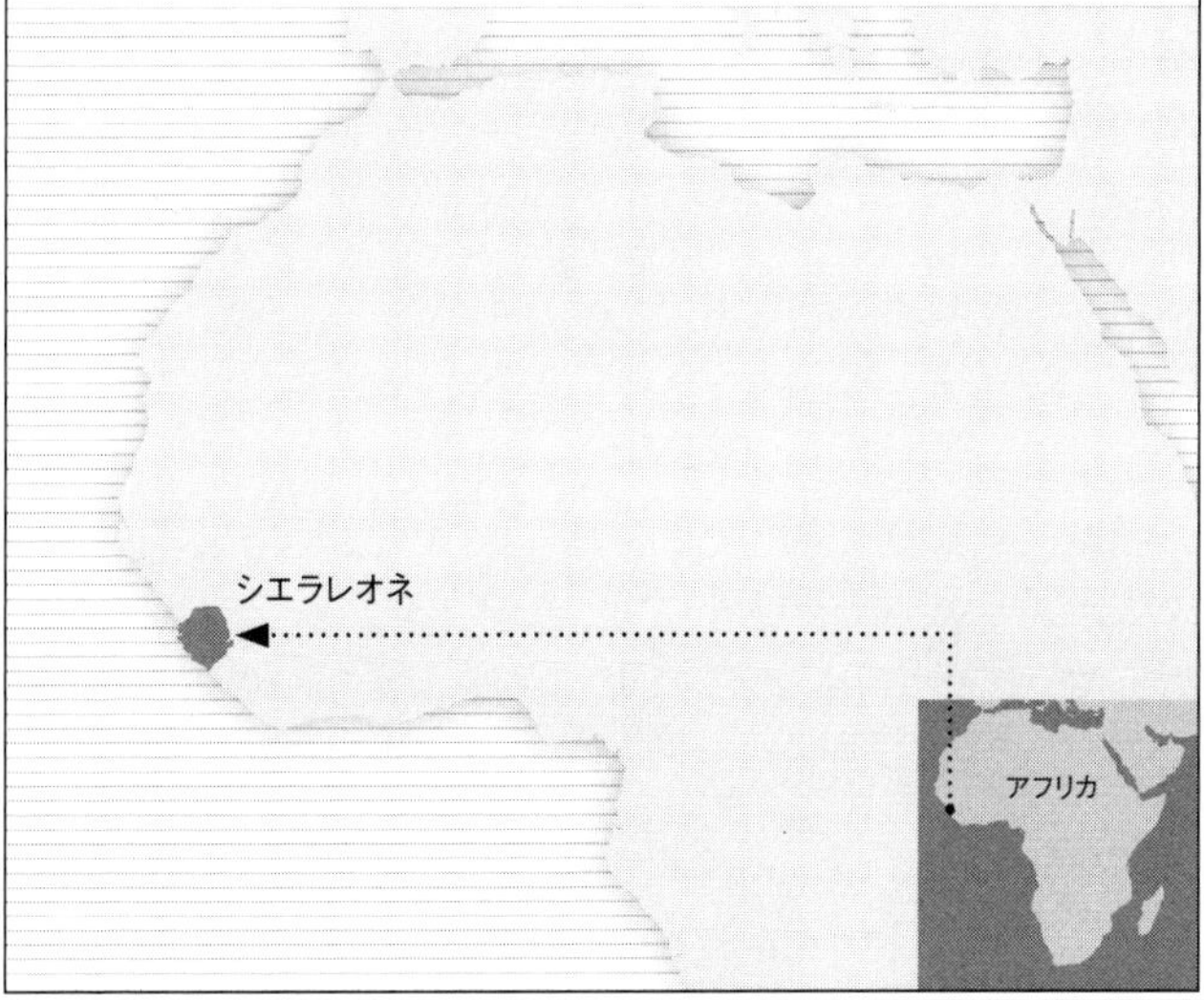

世界でもっとも貧しい国の子どもたち　シエラレオネ訪問

元少年兵は帽子で涙をぬぐった

首都フリータウン（人口150万人）は大粒の激しい雨でした。5月から10月の雨期のまっただなか。緑が青々と広がり、みずみずしく、豊かに見えました。

でも、よく見ると、建物は、ほとんどすべてが破壊されていました。そこに内戦から逃げてきた人たちが住み着き、荒れ放題、こけむしていました。信号機も壊れたままで、内戦前の名《な》残《ごり》があるだけ。なんともいいようのない光景でした。

10年間続いた内戦は凄惨《せいさん》をきわめたと聞いていました。訪ねてみて、すぐにそれが事実であったことを思い知らされました。

ユニセフが支援する活動の一つに、戦争で手などを切断された人や負傷した人のための再定住事業がありました。出身地の村に帰り、家族と安定した生活がおくれるように職業訓練などの支援をしているのです。

残虐な反政府軍は、人々をつかまえては腕を切断していたのでした。人びとに恐怖心を与え、仕事ができない障害者にして政府に負担をかけさせるためでした。それと、選挙で投票できないようにするためともいいます。

推定で、約１０００人が腕などを切断され、約２５００人が深い傷を負わされ、自立のための支援がなければ暮らしていけない状態にありました。

なたで腕を切り落とされたオスマンさん（38）はそのときの様子を話してくれました。

「反政府軍の兵士がいきなり襲ってきて、おまえは『半そで』といってひじの上から切り落とし、おまえは『長そで』と、手首から下を切り落としていった」

私は言葉を失ってしまいました。

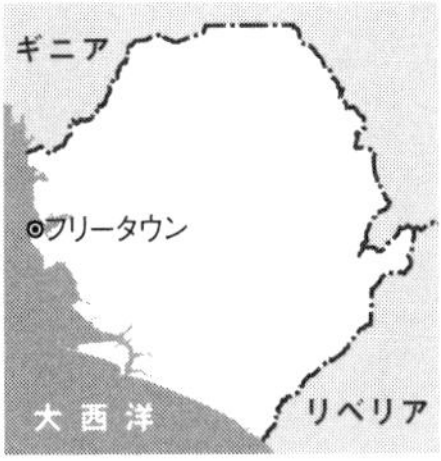

シエラレオネ

たくさんの子どもたちに話を聞きました。もっとも悲惨だったのは、通学の途中で反政府軍に誘拐され、銃を持たされ、人殺しをさせられた子どもがたくさんいたことでした。

ユニセフは、こうした元少年兵の社会復帰を積極的に助けています。５５５２人が登録され、そのうち98％が、家族と再会でき、施設で保護されていた元少年兵たちも、地域の生活に戻っていました。でも、私の会った子どもたちは目の前で親を殺されていました。

家族と再会できた元少年兵のアリーくん（18）は、10歳のとき、約３００人の子どもと一緒に誘拐されました。

「多くの人を殺した。町を襲撃し、家を焼いた。女の子や女性は性的虐待を受けた。十分な食料もなく、寝るところもなかった。多くの子どもが死んでいった」

内戦が続く隣国リベリアから逃れてきた難民のキャンプでも元少年兵たちに会いました。

激しい雨で、二人の小柄な少年はずぶぬれで現れました。一人は足を開いて生意気そうに座り、もう一人は体を硬くして、下を向いたまま。つっぱっているふうでした。二人とも15歳でした。

私は質問しました。

「何年ぐらい銃を撃っていたの？」

「６年」

６年といえば９歳からです。

「撃つのが怖いと思わないように、麻薬を打たれたと聞いたけど」

下を向いたままの少年がボソボソと答えて、腕を見せました。

「コカインとかを注射された」

生意気そうな方の少年がいいました。

「おれは、薬はやらなかった。撃つのは平気だった」

やりきれない思いが胸にあふれました。

3年前、リベリアで会った元少年兵を思いました。銃を渡し、人を殺すことをあおったのは、おとなでした。戦争が終わると、元少年兵は、こんどは人殺しと呼ばれました。

「おとなを憎まない？」

と聞いたときの答えが「仕方ないです。戦争だから」でした。

私は立ち上がり、二人のうち、下を向いたままの男の子の肩を抱きました。

「人を憎まないようにね。戦争はもう終わったんだから。人を愛するようにね」

突然、その男の子は、思いつめたようにいいました。

「毎日、寝るときに思うのは、お父さんとお母さんのこと。お父さんとお母さんに会いたい」

雨でびしょびしょの毛糸の帽子で、涙をぬぐったのでした。9歳のときから親と会っていないのです。

その気持ちが痛いほどわかりました。これが戦争、子どもを戦争に巻き込んではいけないと心から思いました。

私は男の子を抱き続けました。骨ばった、やせた体が震えていました。

「あなたをお母さんと思っていい?」

戦争の悲惨さ。それは女の子の場合、とくに強く思うことでした。

私が会った女の子たちの多くは、通学の途中で誘拐され、性的な虐待を受けていたからです。そのうえに社会からは差別的な扱いを受けていました。

ユニセフは、そうした女の子たちが、家族と再会し、自信を持って生きていけるように支援していました。

私たちは、その一つ、コノ県の都市コイドゥにある、性的虐待を受けた女の子たちのための職業訓練施設を訪ねました。

そこには25人が学んでいました。戦争は学校へいく機会を奪いました。それを取り戻すために英語などの勉強と、裁縫や刺繍、ろうけつ染めなどの技術訓練を進めていました。性感染症の治療もしているということでした。

そこで会ったマリアマさんは17歳でした。おしゃれな髪形をした美しい女の子でした。

マリアマさんは少しずつ話してくれました。

夜、寝ているところを突然、反政府軍に襲われた。両親と一緒に逃げたけど、両親はすぐにつかまって、目の前で殺された。茂みに連れ込まれ、レイプされた。10歳だった……。10歳といえば、小学校4年生。どうして、こんなことに。私はたまらない気持ちでした。

マリアマさんの話は続きました。

3年間、反政府軍に連れまわされた。昼間は、重い荷物を持たされ、食事づくりをさせられた。夜になると、毎回、違う兵士の相手をさせられた。一緒にいた何人もの女の子が死んでいった。運よく助けられて、村に帰ったのだけれど、兄姉も、親戚も殺されていた。反政府軍と一緒にいたといわれて、みんなからきらわれた……。

マリアマさんの大きな目から大粒の涙がこぼれました。

やっとのことで私は尋ねました。

「だれか結婚する人、いるの?」

マリアマさんは首を振りました。

「家族もいないし、お金もないから」

私はマリアマさんを抱きました。細い体でした。泣いていました。

「愛する人、必ずできるわよ」

マリアマさんは私の肩に頭を押し付けました。そのまま、ちいちゃい声でいいました。

「あなたのこと、お母さんと思っていい？」

「もちろん、いいわよ」

予想もつかない言葉に私は驚きました。10歳から抱いてくれる母親のぬくもりがないまま、生きてきた、さびしさとつらさ。私はマリアマさんの気持ちを思いました。戦争さえなければ。平和であったら。

マリアマさんを何度も何度も抱きしめました。

10年続いた内戦はすべてを破壊していました。保健施設もそうで、とくに政府の病院は完全に破壊されるか、焼き討ちにされていました。

その結果、子どもの３人に１人は5歳までに死亡し、妊産婦は出生10万人あたり年間１８００人が死亡、ともに世界最悪です。

子どもの栄養不良も３人に１人。そして、平均寿命は38・３歳！

私たちは、ボンバリ県の中心都市マケニ（推定人口40万人）の病院を訪ねました。天井も、窓も、ドアもめちゃくちゃ。残っていたのは崩れかけた壁だけでした。

その近くに小さな仮設診療所ができていました。近所の人たちがお金を出し合い、ユニセフも援助してつくったものでした。

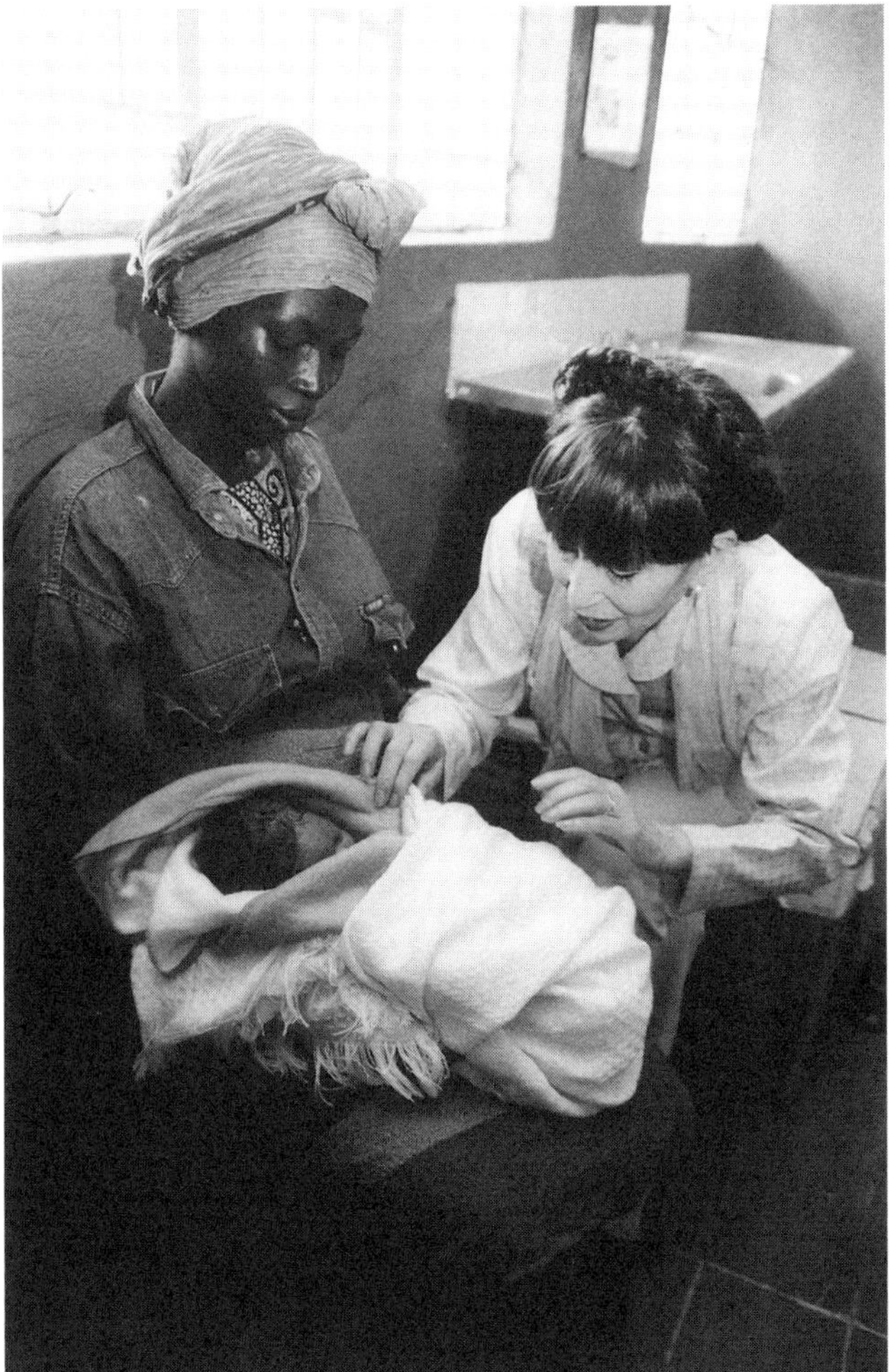

マケニのマスンバ保健施設にて

薬も医療器具も不足していました。そんななかに、2週間前に届いたばかりの、ワクチン保存のための太陽熱冷蔵庫が置いてあり、予防接種が再開されていました。

待合室は小さく、子どもを連れたお母さんでいっぱいでした。酸素不足に陥ってしまいそうな息苦しさでした。

子どもたちの病気のほとんどは、マラリアと肺炎でした。

泣いていた赤ちゃんは栄養不良で、1歳半だというのに、体重が6キロしかありませんでした。


スーザンさん(21)は、生まれたばかりという赤ちゃんを抱っこしていました。初めての赤ちゃんでした。

赤ちゃんが生まれたら、健康かどうか、診せにきてくださいと、お医者さんにいわれていたので、産んで2時間後の明け方、家を出て、30キロを歩いてきた、といいました。

診察の結果、赤ちゃんのへその緒もうまく処理されていて健康でした。

それにしても医師の指示を守って、出産してすぐに、30キロも歩いてくるなんて。この国の人たちは、なんてまじめで実直なんだろうと思いました。スーザンさんは安心したせいか、少し疲れたふうな表情を見せました。

シエラレオネは世界でもっとも貧しい国です。けれども、戦争が終わったいま、ちょっとの助けがあって、みんなが力を合わせたら、やっていける、と確信しました。そんなに絶望的になることはないなって。

医者、弁護士になりたい

首都フリータウンから東のコノ県へ、国連の大型ヘリコプターで向かいました。舗装された道路はほとんどなく、それが雨期の激しい雨でぬかるみになり、車での移動は無理だったからです。

私は、ヘリコプターの窓から地表を見ました。水のたまった、大きな池があちこちに見えました。その池の周りは、土が積み上げられ、でこぼこしていました。これがダイヤモンドを掘った跡、と教えられました。

内戦前、ダイヤモンドは、シエラレオネの鉱物輸出収入の80％以上を占める重要な産業でした。コノ県は、その主要なダイヤモンド採掘地域だったのです。

その採掘場を私たちは訪ねました。地中深く掘っていくのではなく、大きな池のようなところの土を取っていく露天掘りでした。

採掘は数人のグループで、水際にいる人が土手の土をスコップで崩して、池のなかにいる人が持つふるいの中に入れます。すると、すばやくふるいを水の中でぐるぐる回します。土が水で流され、ダイヤモンドの原石が残るというわけです。アメリカ映画で見る、ゴールドラッシュの、金を探す、あの光景と似ていました。

でも、ふるいの中に残るのは小石ばかり。すごい速さで指でつまんで、池に捨てていました。

あまりの速さに、原石を間違って捨てることはないの？ と聞くと、「そんなことはない。小さくてもキラッと光るから」と答えました。


池は泥沼のように茶色に濁っていました。上半身裸で、脚の付け根あたりまでつかり、腰をかがめ、汗だらけになって、朝から晩まで働いていました。一日中、水につかって働くのは危険なのに。おとなに混じって、大勢の子どもたちが使われていました。

私はその子どもに聞きました。一日中、働いていくらもらえるの？

「一日に1回、ご飯をお茶碗に1杯、食べさせてもらえるの」

一日中、働いて、茶碗1杯のご飯！ それも食べられないことに比べたらいい、というのです。

コノ県では、１２６８人の子どもがダイヤモンド鉱山労働者として登録されていました。食べるためには、学校へいかないで、働かなければならないのです。それでも、ユニセフの援助などで、３００人が学校に戻ってきました。

シエラレオネ全体でも、子ども4人のうち3人は働いています。けれども、報酬を得ているのはわずか1・6％です。小学校へいっている子どもは半数にもなりません。

世界１７３ヵ国で、もっとも貧しい国とは、こういうことなんだ、と改めて思いました。


コノ県は、２００２年1月に武装解除が完了するまで反政府軍に支配されていました。産出されるダイヤモンドは、反政府軍によって武器と交換され、内戦は残虐をきわめました。そのため、国内でも、コノ県はもっとも犠牲が大きかった地域になりました。〝血塗られたダイヤモンド〟、世界はそう呼び、国連はその売買を全面禁止にしたほどでした。

町の破壊は深刻で、家の約95％が壊され、学校も壊滅的な状態でした。

内戦が終わったいま、１８８校の小学校と15校の中学校のうち、45校が修復中でした。

修復といっても、仮設教室の屋根を青色のシートで覆い、いすの代わりに丸太を横に置くだけ。黒板ははげて字が読めないほど白くなって、机もありませんでした。教科書も文房具もありません。

先生は「せめて、字を書く練習をするのに机がほしい」と訴えました。

シエラレオネでは、内戦で、学齢期に就学の機会を奪われた子どもたちのために、集中して学ぶ初等教育速成コースが始まっていました。10〜17歳の子どもたちが、3年間で、普通の小学校の6年間分の学習をします。途中で試験を受け、合格すると普通の学年に編入できるというものです。

コノ県のヤードゥ村の小学校の子どもたちに話を聞きました。

イブラヒムくんは15歳でした。6歳のときに反政府軍に捕らえられ、銃を持たされて、たたかわされました。どんなふうに暗闇を逃げまどい、つかまったか、くわしく話してくれました。

最後に、お父さんとお母さんは？　と尋ねると、小さい声で短く「殺された」と答えました。

マイケルくんもモハメドくんもシェイクくんも、みんな同じような境遇でした。

副大統領のベレワさんがおっしゃった言葉が印象的でした。

「なによりも教育です。なんとか子どもたちに教育の機会を与えたいのです」

小学校のない地域では、村の人たちがお金を出し合って私設の学校を開いていました。

私たちが訪ねた、その学校は粗末なつくりでした。わらぶきの屋根、周りを木の枝で囲って、いす用の丸太が置いてあるだけ。でも、子どもたちは一生懸命に勉強し、目が輝いていました。

子どもたちは自分のなりたい職業を紙に書き、勢いよく掲げました。「お医者さん」「エンジニア」「学校の先生」「弁護士」

シエラレオネ訪問は、どこを見ても、あまりにも悲惨で、私の胸は耐え切れないものでいっぱいでした。そんななかでも、子どもたちは希望を持っていました。私は、うれしくなりました。

シエラレオネ共和国　面積7万1740平方キロメートル（北海道の約86％）。人口610万人（2013年）。高温多湿で、5月～10月は雨期。年間降水量は多い地域で5000ミリに。1991年、反政府軍との内戦が始まった。1999年に政府と反政府軍との間で和平合意成立。02年、武装解除完了を宣言。5歳未満児の死亡率は1000人あたり316人（2001年）、妊産婦死亡率は出生10万人あたり年間1800人（19

85年—2001年)。いずれも世界最悪。高い死亡率の背景には栄養不良がある。

第８章

コンゴ民主共和国
2004年

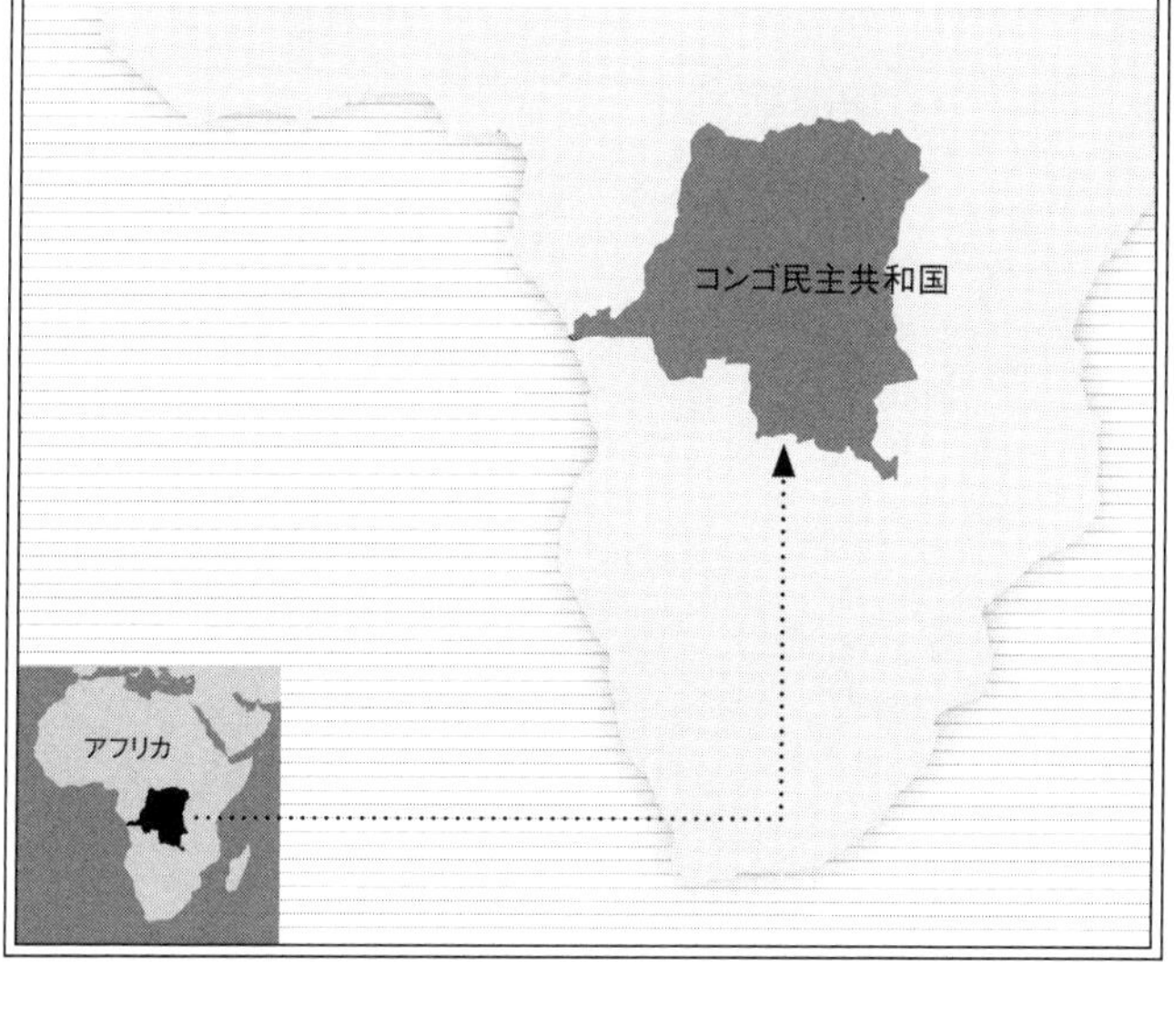

悲劇の国の子どもたち　コンゴ民主共和国報告

失明した目を上に向け女性は歌った

世界でもっとも貧しい国の一つ、隠れた悲劇の国。それがアフリカ中央部のコンゴ民主共和国です。１９９８年から始まった内戦で、犠牲になった人が３００万から４００万人。残されたのは、愛する人、家族を失った恐ろしいほど多くの悲しみでした。子どもたちは傷つき、助けを求めています。

どうして、こんなことが、とずっと思い続けてきました。

最近の10年、世界で武力紛争のために２００万人の子どもたちが殺され、６００万人の子どもたちが負傷し、障害を負っています。

親を失い、家族と離れ離れにさせられた子どもたちは１００万人、住む家を失った子どもたちは１２００万人でした。

ユニセフ親善大使をお引き受けして21年、22回目のコンゴ民主共和国の訪問も、どうしてこんなことが、と思わずにはいられませんでした。

人びとは一日1食で、食べ物が足りません。１６００万人（総人口の33％）が食べ物を得ることが困難です。そのうち１９０万人の子どもたちが重度の栄養不良に苦しんでいます。長期独裁政権で国土は荒廃し、そこに内戦です。ここ数年間で、なにもかも略奪され、家は焼かれ、学校、病院も徹底して破壊されました。

政府と反政府勢力、部族の対立、そして、ダイヤモンドなどの豊かな鉱物資源をめぐって、周辺国も巻き込んでの争いでした。

いま暫定政権ができ、内戦から平和への移行期ということですが、武力紛争はいまも国内のあちこちで起きています。

とくに、東部の国境の近くの地域では、武力紛争が激しく、多くの犠牲者と国内避難民が出ていました。

コンゴ民主共和国

まだ紛争が続く東部。その中心都市ゴマに、私たちは向かいました。首都キンシャサから１５００キロ。飛行機で4時間の距離でした。武装警官の護衛付きでした。

真っ先に訪ねたのは、「性的暴力の犠牲者のための医療センター」です。治療と若い医師の教育のための機関で、レイプされた女性が専門的な外科治療と社会心理的なケアを受けられるよう、ユニセフの支援を受けてつくられた施設でした。医師5人、医学生7人、看護師40人、心理療法士5人が働いていました。

ベッド数117床、183人が入院中でした。

病室に入ろうとしたときでした。案内のジョナサン医師がいいました。

「すみません。お小水のにおいがしますから」

患者の女性たちはベッドに腰掛けていたり、椅子に座ったりしていました。下を向き暗い表情でした。

ジョナサン医師は説明しました。

「手術を待っている女性のなかには、何度もレイプされた人もいます。膣が傷ついて、さらに尿道に穴が開いたために尿が垂れ流しになっています。ただ、ここに連れてこられたのは本当に運のいい女性です。治療も受けられないで、亡くなる女性たちがほとんどです」

つらい話でした。

私と手をつないで離さない女の子がいました。5歳のクリスチーヌちゃんでした。どこへいくにも一緒、私が座ると、ひざの上にちょこんとのりました。けれども、ひとことも話すことはありませんでした。

クリスチーヌちゃんは、白い長めのワンピースを着ていました。そのスカートの前がぬれているのに気がつきました。

そっとお医者さまに尋ねました。「スカートの前が、ビショビショですけど」

お医者さまは、いいました。「クリスチーヌはお母さんとスラムに暮らしていました。お母さんが遠くの農家に仕事に出かけて留守のときに、レイプされました。それも、ことしに入って２回も。尿がもれるのはそのためです」

レイプで膣が傷つき、尿道に穴が開いて、尿が垂れ流しになってしまう。

でも、まさか。５歳なのに……。

「ＨＩＶ／エイズに感染した男性が処女と性交すると治るという間違ったうわさで、小さい子がレイプされる例が多いのです」

私は、クリスチーヌちゃんのちいちゃな手をしっかりと握りました。なんといっていいか、わからないでいました。

時間が過ぎました。私はしゃがんで、向き合いました。

「もう、いかなくちゃ。ここには勉強を教えてくれる学校もあるのよ。字を習って、手紙を書いてね。私もあなたに手紙を書くから。私の名前は、テツコというの」

クリスチーヌちゃんは、私をじっと見て、小さな声でいいました。

「テ、ツ、コ」

クリスチーヌちゃんが初めて口を開いたと周りの人たちは驚きました。

クリスチーヌちゃんは、私に教えるように歌を歌い始めました。

「ママ」という歌詞のある、お母さんの歌でした。一生懸命、歌ってくれました。

お医者さまも拍手し、喜びました。

「心を開いて、あしたからは、話をするようになるかもしれません」

つらい別れでした。

クリスチーヌちゃんと文通ができるように、と私は祈っています。

こんななかでも、子どもは、文句ひとついわないのです。おとなができることは、たくさんあると思いました。


医療センターでは、2003年7月以降、レイプ犠牲者2660人を治療し、うち合併症で手術が必要になったのは300人でした。

病室にいた若い女性に思い切って話を聞きました。バセメさん（19）でした。

「03年9月の夜、父母と3人で家にいるところへ武装した男が大勢やってきました。なにもかも略奪されました。そのときに2人にレイプされ、目は男たちに毒を塗ったナイフで突き刺されました」

バセメさんの両目はえぐられていました。

現地のユニセフ職員が教えてくれました。

「武装集団はお父さんに〝娘をレイプしろ、しなければ殺す〟と。お父さんが断ったら、なぐって殺しました。お母さんも殺しました」

ほんとに胸がふさがれる思いでした。

私はバセメさんにいいました。

「ヘレン・ケラーという人がいて、目も耳も不自由だったけど、勉強して世界でもっとも有名な人になったの。勇気をみんなに与えて、平和のためにも働いたのよ」

医療センターの人が「さあ、黒柳さんに歌をうたってあげて」というと、失明した目を上に向け、歌いました。澄んだきれいな声でした。

歌い終わると、にっこりしました。

救われるような笑顔でした。

両親の愛を受けた娘は「結婚したい」

コンゴの東部地域は、武力紛争が続いています。武装集団が多く、事実上、無政府状態でした。略奪、放火、殺害が繰り返されていました。

さらに、レイプが深刻な問題になっていました。地域社会を崩壊させる武器として使われているというのです。

東部地域の中心都市ゴマには、「性的暴力の犠牲者のための医療センター」がユニセフの支援を受けたNGO（非政府組織）によって開設されていました。

21歳のブミリアさんは、合併症を起こして、尿が止まらなくなり、手術を待っていました。

「4人の男に襲われ、殺されると思い逃げたけど、レイプされました。男たちは家を焼きました。もう帰る家もないし、村にも戻れません。レイプした男を見つけたら殺してやりたいです」

犠牲者は、ほとんどがレイプされたことを隠し、自分の村にも戻れないでいました。そのことが知られたら、村では差別されます。家族も同じで、偏見で、犠牲になった子を受け入れたがらないのでした。

自分のせいではないのに。ほんとうに気の毒としかいいようがありませんでした。

犠牲者のほとんどは、恥ずかしさと恐怖のため医療支援を求めることはありません。犠牲者を捜し出すことはむずかしいのでした。

それでも、現地の35のＮＧＯがユニセフの支援を受けて、犠牲者を見つけ、医療と社会心理的なケアが受けられるように、と活動を続けていました。

東部地域では、２００３年3月から12月までに２０００人以上の犠牲者を捜し出すことができました。その年齢は３歳から83歳でした。

16歳のアリネさんは話しました。

「道端で、武装した30人の男と出会って、やぶのなかで10人にレイプされました。２日間、倒れたままでした。だれかに声をかけられたような気がして、立ち上がり、やぶの中をさまよい、やっと村に戻れました。両親は、生きて帰ってきてよかったと喜び、お湯をわかして、傷だらけの体をふいてくれました」

むごい質問と思ったけれども、尋ねました。

「結婚はしたい？」

「ええ。したいです」

何人ものレイプ犠牲者に、私は話を聞きました。みんなは憎しみをもって「男は不幸をもたらすだけ」というなかで、「結婚をしたい」と答えたのは、アリネさん、ただひとりだけでした。

温かく迎え入れた両親の愛、人間にとって愛情がどんなに大切か。それから、社会心理的なケアの大切さ。

そのことを今回ほど感じたことはありませんでした。

国境の都市でもあるゴマ。10年前、ユニセフ親善大使として訪ねたことがありました。その年、隣国ルワンダで80万人の虐殺があり、ザイール（いまのコンゴ民主共和国）に130万人が逃れました。そのうち85万人がゴマに流れ込み、難民キャンプをつくったのでした。難民キャンプの青いビニールシートの小屋は、先がかすんで見えないほど続いていました。いまそこは、02年1月の火山ニーラゴンゴの大噴火によって、一面、黒っぽい溶岩と岩だらけ。建物も焼け、半分ほどが埋まっていました。恐ろしく、気が滅入るような風景でした。

当時、ゴマの難民キャンプ内の孤児院の院長だった小児科の女医さんの言葉を思い出しました。

「もし、平和や希望が信じられなかったら、どうして、こうした活動をしていられるでしょう」

けれども、今度は、コンゴ民主共和国の北東部の内戦です。戦火を逃れ、３４０万人が国内避難民となっていました。東部地域では、03年4月以降、とくに激しい戦闘があり、数千人が虐殺され、人道支援の国連関係者も犠牲となって、大量の国内避難民が発生していました。いまも国連の基準で危険度4の退避勧告が出ている地域です。

私たちは、その戦闘が激しかったゴマの北、約３５０キロの都市ブニアの国内避難民の「空港キャンプ」に向かいました。03年5月に自然発生的にできたもので、１万２３００人が暮らしていました。

青いビニールシートのテントのような小屋。狭く、暑苦しく、なにもかも足りない生活でした。

ユニセフは、石けん、水を入れるポリタンク、調理器具などの生活必需品を、栄養不良の子どもには高蛋白質ビスケットを配っていました。

それでも親と一緒にいる子はいい方でした。両親を殺され、はぐれた子どもたちは、ひとりで生活していかなければなりませんでした。

キャンプは、治安が悪く、無法状態でした。いつ、どう襲われるかわからないといいます。

空港キャンプの代表という、長老のようなジャンさんにお会いしました。

「武装集団がキャンプ内に侵入して、子どもを誘拐していく。そして、近くにある金鉱やダイヤモンド鉱山で働かせるのです」

誘拐され武装集団に。「人が殺される夢を見る」

コンゴの栄養不良は深刻でした。

重度の栄養不良に苦しんでいる子どもたちは190万人！

内戦によって8000の村が破壊、略奪され、この2年にわたって農作業ができないでいました。経済活動もほぼ完全にとまっています。食料不足の大きな原因でした。

内戦さえなければ、農業もうまくいくはず。食料不足も解決できるはず。首都キンシャサの平均最高気温は30度、平均最低気温は20・8度、年間平均湿度約80％です。

実際、アフリカでは考えられないほどの緑の多さでした。

危機的な状況にある子どもたちのために、給食センターが緊急にユニセフなどの支援で各地に開設されていました。

東部地域の都市ブニアの、元ブニア総合病院に給食センターができていました。90人の子どもたちが収容されていて、栄養不良の赤ちゃんには、治療用ミルクを一日8回、飲ませていました。

赤ちゃんの肌は、しわが深く、腕や脚の付け根あたりが老人のようでした。なかには、栄養不良でむくんでいる子どもたちもいました。

7歳のモレナちゃんもそうでした。むくんだ足の甲を、軽く指で押してみました。その指の跡はついたままでした。

赤ちゃんを抱っこしていたお母さんに話を聞くと、60キロの道を2日かけて歩いてきた、といいました。内戦だから仕方ない、という感じでした。

東部地域には、給食センターが9ヵ所あり、月平均316人の重度の栄養不良児が治療を受けています。

センターを案内してくれた方がいいました。

「お母さんにも食事を与える必要があります。センターにくるのが容易でないお母さんもいるため、村々を訪ねて栄養不良児を捜し出す努力をしています」

いまもときどき、村を襲撃する武装集団。そのなかには、子どもたちもいます。少年兵です。

少しでも武力紛争とかかわった子どもの兵士は、3万～5万人と推定されています。武装集団の構成員の50%以上を占め、その数は増える傾向にあるともいいます。

とくに東部地域を中心に、武装集団は子どもたちを強制的に集めて、少年兵にしていました。

その東部地域の国内避難民キャンプの代表者がいいました。

「この地域には少年兵が少なくとも6000人以上います。女の子は掃除、料理などをさせられ、性的搾取をされている場合が多いです」

そんな少年兵を武装集団から解放し、ふつうの生活に戻そうという「動員解除された子どものためのセンター」ができていました。

私たちは、ブニアの、女の子だけの元少年兵、売春の犠牲者のセンターを訪ねました。平屋で、木と泥でつくった粗末な家でした。

ここでは、18歳までの女の子43人、うち赤ちゃん5人が収容されていました。

なかには、性格が変わり、攻撃的になっていたり、武装集団の隊長の命令に従うことに慣れてしまい、親のいうことを聞かなくなってしまった子もいました。親はそんな娘を怖がっていました。

03年5月に誘拐され、04年4月まで武装集団とともにいたセシレさん（14）はその生活を話

「動員解除された子どものためのセンター」にて

してくれました。

「部隊の生活はひどかった。食料は少なく、いつもなぐられていました。重い荷物を運ばされ、いやでした。いまも、自分がなぐられたり、人が殺される夢を見ます」

別の、元少年兵のためのセンターでは、44人が読み書きや機械修理、大工仕事、運転などの訓練を受けていました。

11歳で少年兵になり、1年後に解放された男の子のウジマくん（13）はいいました。

「いつもなぐられていました。弾薬や銃の入った箱を運ぶのは重くて。初めて銃を撃ったときは、森に向かって撃ったので、人がいたかどうかはわかりません。人が死ぬので、怖かった」

このセンターでたった一人の女の子、17歳のエリザベスさんは、生まれたばかりの赤ちゃんを抱っこしていました。

「14歳のとき、村が襲われ、略奪されました。親ときょうだい、いとこの7人が目の前で殺されました。裸のまま森へ逃げて、生きていくために武装集団に入りましたが、着る物も食べる物もなかった。村を襲って、盗むほか、生きられませんでした。別の部隊の隊長がワイフを求めていたので、いやいやワイフにさせられました。動物のような暮らしでした。逃げてきましたが、妊娠しているのは知りませんでした」

将来、したいことは？　と私は聞きました。

「これから、いくところがないの。どうしていいかわからない」

あまりにも悲しく、悲惨な話ばかりでした。

「生きてくださいね」

そういうのが精いっぱいでした。

小学校で初めて聞いた笑い声

内戦は、国そのものを崩壊させていました。公務員の給与は支払われていません。失業者があふれ、たとえ失業していなくても、生活を難しくしていました。

首都キンシャサ。その人口は急増し、いまは1000万人ともいわれています。大通りのビルのほとんどは40年以上前のベルギー領時代のもの、建物は荒れて、バラック状態になっていました。

市場には、屋根のない屋台が並び、商品の種類は少なく、干物などを売っていました。物価が高く、大勢の人が出ているのに、そう売れているようには見えませんでした。

どこを歩いても、ストリートチルドレンばかりが目立ちます。キンシャサだけでも2万人以上いるといいます。

私たちを見つけると、「おなかがすいた」「お金ちょうだい」と近寄ってきます。

コンゴ在住18年の修道女の中村寛子さんが教えてくださいました。

「親は、仕事も収入もなく、自分の子どもを育てられないので、6歳ぐらいになると、家から追い出します。貧しさがストリートチルドレンを増やしています。『悪魔つき』といわれて焼き殺される子どももいます」

「悪魔つき」とは、子どもに悪魔がついて、害悪をおよぼす行為をするということです。親が家から追い出す理由にもなっていました。10年前にはなかった、悪い新興宗教のようなものでした。

ストリートチルドレンの寝場所になっていたのは、古い小学校でした。ただ屋根があるというような教室で、コンクリートの床に雑魚寝《ざこね》でした。教室の隅をトイレにして、そこはびちょびちょ、すごいにおいでした。

私たちは、もう一つの寝場所、元「オリンピックプール」に向かいました。壊れて廃虚になった観客席や部屋に、子どもたちは集まり、赤ちゃんまでいました。

何人かに話を聞くと、昼間は、荷物運びとか、皿洗いをして働いているといいます。女の子のなかには13～14歳で、貧しい服装でも、けばけばしく、売春をしていることがわかる女の子もいました。

みんな気がよくて、私に「ちょっと、一緒に食べていかない」と、トウモロコシの粉をお湯にといて、団子をつくりながら、勧めてくれました。

生きていくためとはいえ、悲しく、おとなの犠牲になっているのは子どもたち、と思わずにはいられませんでした。

「学校は?」と聞くと、どの子も「いっていない」と答えます。

私は、うるさいおばさんのように、いろんな子どもに繰り返しいいました。

「学校へいかなきゃだめよ。女の子も、ね。ユニセフとか、ストリートチルドレンを支援するセンターで、読み書きを教えているから。勉強すれば、どんな仕事だって、できるからね。勉強するのよ」

国の教育予算は全体の0・6%。学校は水道もトイレもなく、老朽化していました。そこに武力紛争です。攻撃の標的になり、破壊され、略奪されていました。

そうした学校の再建をユニセフは支援していました。戦闘が激しかった東部の都市ブニアの周辺では、数ヵ月間かけて、33の学校が修復され、元少年兵が社会復帰するためのセンターも再建されました。これで少なくとも1万1000人の子どもたちが教育を受けられるようになりました。

さらに修復中の小学校が40あり、これが終われば、新たに1万2000人の子どもたちが教育を受けられます。

私たちは、キンシャサにあるキンズアナ第1、第2、第3小学校を訪ねました。50年前にできたきり、これまで一度も修復されていないそうです。4棟ある校舎の屋根には、無数の穴が開いていました。窓が少なく、電灯もないので、薄暗く、黒板ははげていました。

2100人以上の子どもたちが、午前と午後に分かれた二部制で、授業を受けていました。給食はありません。

第1小学校のカバンナ校長先生は訴えました。

「机もいすも、文房具も足りません。教科書は5人に1冊です。何もかも不足です。私たちの給与も3ヵ月分が未払いになっています」

親は3ヵ月ごとに8ドルを授業料として払います。それを払えないことが、中途退学や留年の多さになっていました。

小学校の就学率は、全国平均で3割。5年生まで在学できるのはそのうち5割ほどです。

ボロボロの教室から元気のよい声が聞こえてきました。低学年のクラスで、公用語のフランス語の勉強でした。

机がなく、ベンチのようないすに、ぎゅうぎゅう詰めに座り、端っこの子は、おしり半分しか座れなくて、横向きになっていました。石の上に座っている子もいました。

でも、目は輝き、勉強に一生懸命でした。

教え方のとてもうまい男のやせた先生が、子どもたちにフランス語で「お姉さんの年齢はいくつ？」と質問すると、「10歳」などと答えていました。

先生が「では、みんなに聞きます。えーと、私はいくつでしょう」。

はい、はい、はい、と手がいっせいに上がって、一人の女の子が立ち上がっていいました。

「わかりません」

先生は顔を真っ赤にして笑いました。みんなも大きな声で笑いました。

コンゴ訪問で初めて聞く、子どもたちのはじけるような笑い声でした。

1000人生まれたら何人が5歳になるまでに命を失うか。そんな5歳未満児死亡率は、その国の子どもの福祉水準をみる重要な指標です。

日本は5人（2015年は3人）。コンゴは1000人あたり205人（2002年）です。4～5人に1人と高率。世界193ヵ国中10位、最悪の国の一つです。主な死因は、下痢、はしか、マラリア。どれも防ぐことのできる病気です。

そして、子どもたちの3分の1は、中・重度の栄養不良……。

そんなかでも、なんとかして、子どもたちの健康を守っていこう、と地域の人たちを中心に栄養活動が進められていました。

首都キンシャサのキセンソ＝ガレ地区は、人口2万人、5歳未満の子どもが4100人います。その地域を6つに分け、42人のヘルスワーカー（栄養活動要員）が活動していました。

0～5歳の子どものいる家を戸別訪問し、お母さんに母乳保育の大切さを伝え、「生後6ヵ月までは完全母乳で育てるのよ」と。離乳期には、家庭でできる離乳食について指導します。知識がないばかりに赤ちゃんを栄養不良にしてしまうことが多いからです。

重度の栄養不良の子どもを見つけたら、すぐに専門家の判断を求め、子どもの命を守ります。

最近では活動を広げて、マラリア予防のために防虫剤処理をした蚊帳の普及、安全な水の確保、保育サービス、食料確保のための菜園作りにも努めています。

私たちは、そんな活動の拠点になっている保健センターを訪ねました。大声で泣く赤ちゃん、順番を待つお母さんたちであふれていました。そこには活気があり、生き生きとしていました。

体重を測り、発育状況を診て、それをカードに記入します。合わせて、予防接種やビタミンAの投与、栄養相談も受け付けていました。

栄養相談は無料ですが、発育観察カード代として約90円、重度の栄養不良児は治療食として約１２０円を親が負担します。診療もしていて、一日30～40人が受診します。初診料は約１２０円、再診料は約60円です。

けれども、これらは、ほとんど現金収入がないか、あっても一日１００円以下のことが多いこの国の人たちにとっては、とても重い負担でした。

ユニセフは、医薬品などを支援していました。

案内してくださった保健センターの責任者は説明します。

「97年以降、政府からの給料は未払いです。機材、医薬品の提供も止まっています。03年後半、保健センターを再興して、患者さんへの医薬品の代金と診察料を回転資金にして保管し、医薬品の補充にあてています。私たちの報酬も、そこから月約２４００～２６００円もらっています。しかし、医薬品の市場価格が高価なのと、地域の人たちの貧しさが問題です」

コンゴは鉱物資源が豊かで、ダイヤモンドの世界的な産出国です。なのに、そこの人たちは、貧しく、なんの足しにもなっていませんでした。

日本の新聞の広告が目に浮かびました。

「月給の何ヵ月分かのダイヤモンドを婚約指輪に！」

コンゴ民主共和国　１９９７年、ザイール共和国から国名変更。面積２３４・５万平方キロメートル（アフリカ第2位、日本の約6倍）。人口６７８０万人（２０１２年、アフリカ第３位）。首都キンシャサの平均最高気温は30度、平均最低気温は20・８度、年間平均湿度約80％。豊富な鉱物資源国で、コバルト、ダイヤモンド、銅、コルタン（希少金属。精製されるとタンタル金属となり、携帯電話などの電子部品に使われる）など。60年、ベルギーから独立。直後からベルギー、米国の干渉による内戦が始まり、独裁政権に。90年代に入り、武力紛争が続いていたが、２００２年12月、暫定政権成立に関するプレトリア包括合意が成立し、03年7月、暫定政権成立。06年、大統領選挙を実施、ジョゼフ・カビラ大統領が就任し、11年、再選。５歳未満児の死亡率は出生１０００人あたり２０５人（２００２年）。中・重度の栄養不良の５歳未満児の比率は約30％（１９９５―２００２年）で、世界最悪の国の一つ。

第9章

インドネシア
2005年

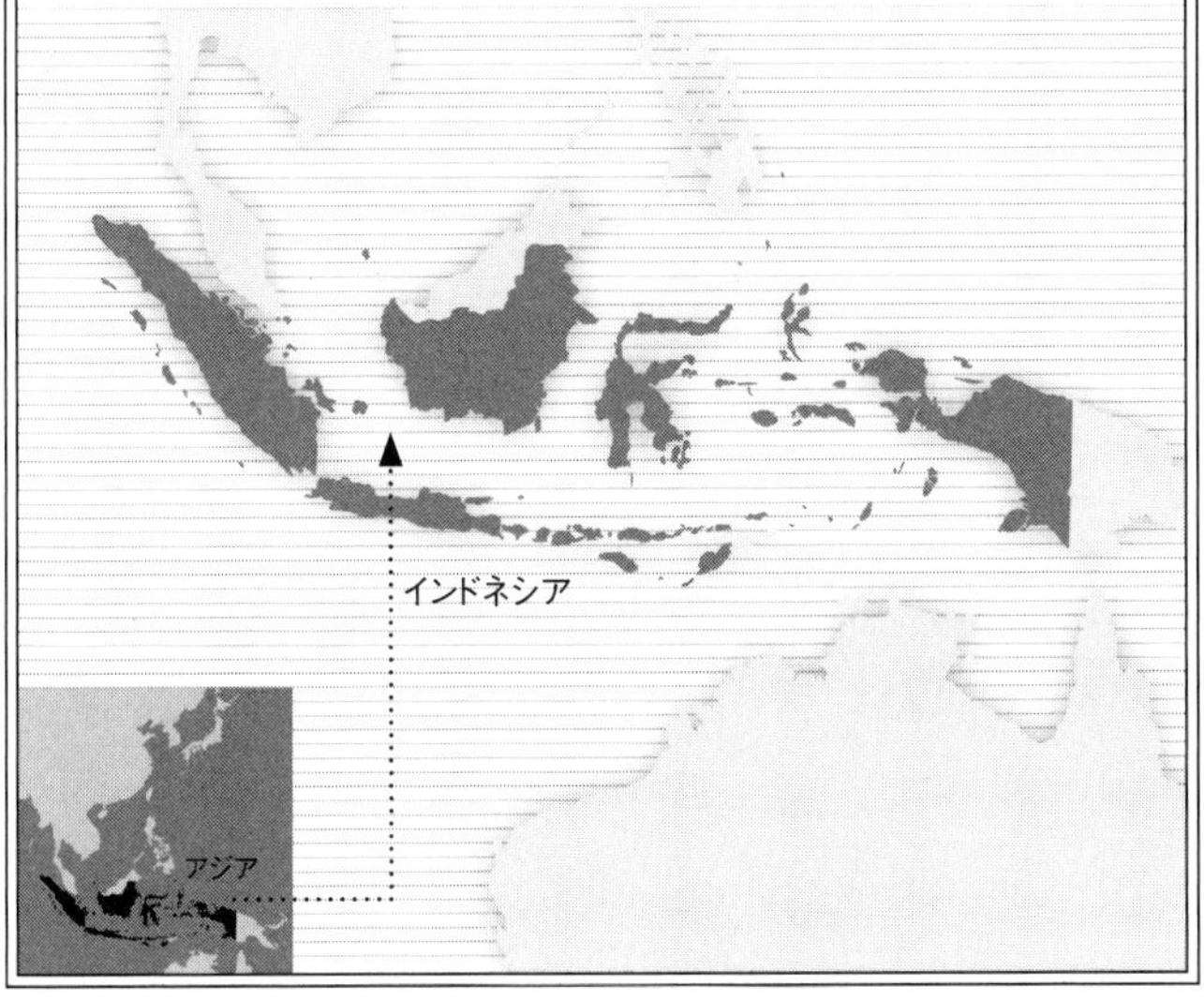

インド洋大津波　インドネシア・アチェの子どもたち

海を黒く塗った

２００５年2月、ナングロアチェ州の西海岸沿いを、国連のヘリコプターで1時間、約１５０キロを飛びました。

そこで見た光景は、いままで見たことのない恐ろしいものでした。町も村も跡形もなく消えていました。あってもわずかに家の土台のコンクリートの破片だけでした。

２００４年12月26日にインドネシア西部スマトラ島沖でマグニチュード９・１の巨大地震が発生し、それによって生じた津波がこの震源地に最も近いナングロアチェ州を襲ったのです。

ヤシの木は同じ方向になぎ倒され、山は削られ、橋は落ち、道路も寸断されていました。

西海岸に押し寄せた津波の高さは15～30メートル、最高で約34メートルあったと研究者は言っています。

津波の痕跡は、延々と続いていました。

州都バンダアチェに戻って見たのはもっともっと恐ろしい光景でした。

津波は、形あるもの、すべてを破壊し尽くしていました。あちこちに黒い泥がたまり、汚れた水がたまっていました。

海岸から約5・5キロの距離にあった官庁街も住宅も消え、街の中心地から海まで見渡すことができました。

家も家具も車も街路樹も、巨大なコンクリートミキサー車か洗濯機でかき混ぜたかのようにがれきが木っ葉みじんになって続いていました。地獄とは、こういうことをいうのか、と思うほどでした。

スポーツ公園の前で、現地のユニセフ職員が教えてくれました。

「津波のときは、10キロマラソンを始めたところで、何百人も集まっていました。このあたりはスポーツウエアを着た若者と子どもの遺体でいっぱいになりました」

道路沿いの空き地に、新しい土が2メートルほどの高さに盛られていました。集団埋葬地でした。

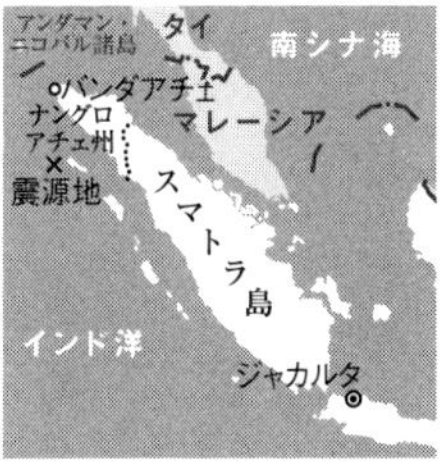

インドネシア

手前の盛り土に100人、向こうに100人、その向こうにまた

100人というふうに埋められているということでした。

黒いビニール袋に入れられた遺体がトラックで運ばれてきます。

インドネシア全土の死者17万人、行方不明者27万人。そのほとんどはナングロアチェ州です。ユニセフの推計では、死者の2分の1が子どもたちでした。

そういえば……。私は気がつきました。

車で30分の移動中、子どもたちの姿がまったく見えなかったことでした。

ユニセフ親善大使として訪ねた国では、内戦があっても、貧しくおなかをへらしていても、道端には、いつも子どもたちがいました。

ここでは、その子どもたちの姿が見えない！


バンダアチェのランバヤ第29小学校では、近くの2つの小学校が津波で破壊されたため、一緒になって勉強していました。

ここでもまた多くの子どもと教師が亡くなっていました。教師39人のうち11人が死亡しました。まだ行方不明の生徒もたくさんいます。

800人ほどいた生徒がたった180人しかもどって来ませんでした。

ナングロアチェ州全体では、少なくとも生徒4人に1人が死亡し、3万人以上が孤児になり

ランパヤ第29小学校で子どもたちと海を語る

ました。教師の死亡は１８６１人と報告されていました。

州の教育省の代表キスムラさんはいいました。

「教育の未来にとって、たいへんな打撃です」

生き残った教師たちも、それぞれ家族を亡くし、家を失っていました。

第39小学校の男性のナザルディン校長は話しているうちに泣き出しました。

「助けようと、子どもの手をつかみました。その手が水の勢いで離れてしまったのです。子どもが流されているのに何もできませんでした」

子どもたちの話もつらいものでした。

サフリナさん（12）は母と兄を亡くし、チェトファイラズさん（12）は妹を亡くし、ビスミくん（12）は家族８人全員が行方不明でした。

教室では、４年生が図画の授業を受けていました。出席は50〜60人いる生徒の半数でした。レストゥくん（９）は津波を黒く塗りつぶしました。ユリアさん（９）は、津波を茶色に、そこに流される子どもを描きました。

苦しい思いを閉じ込めておくのではなくて、外に出していく。心の傷を治していくために重要なこととはいえ、黒い色ばかり使う子どもたち。見ていて胸が痛みました。

でも、悲しくて生きる勇気がわいてこない、というおとなが多かったなかで、子どもたちは、前向きで、生きるのに懸命でした。

子どもたちは、ユニセフからプレゼントされたサッカーボールを投げあい、歓声をあげました。遊びはいつまでも終わりませんでした。


もう一つ、とても明るい話がありました。

バンダアチェの新しい被災者キャンプを訪ねたときでした。若いお母さんが、生まれたばかりの、ほんとに湯気が立つような赤ちゃんを抱っこしていました。

あら、かわいいといったら、お母さんは答えて「35日目なんです」。

津波のあとすぐに出産したの？

「ええ、被災者キャンプで。津波が頭の上まできて、必死に泳いで、助かりました。夫とも出会うことができ、私、運が良かったんです」

その被災者キャンプには、親とはぐれ、身寄りのいなくなった子どもたちが大勢いました。アユくん（16）もそうでした。両親と兄を亡くし、姉と二人だけになりました。

子どもたちには、緊急に援助が必要でした。

ユニセフは、子どもセンターの設置を進めていました。親とはぐれ、身寄りのない子どもを登録し、親との再会を支援し、すべての子どもを対象にして心の傷のケアをしていました。

インドネシア国営テレビの敷地にある被災者キャンプ内の子どもセンターでは、280人が登録され、13人が親と再会をはたしました。

大学のイスラム研究所敷地内にも子どもセンターができていました。被災者キャンプの子どもと普通の家庭の子どもを差別なく受け入れ、遊びを中心に心の傷のケアをやっていました。

ここで私は子どもたちと一緒にお弁当を食べました。葉っぱに包まれたご飯でした。

隣に座っていた女の子は、ちょっと食べて、お弁当を包みました。

私は尋ねました。

「どうして食べないの」

「うん。おなか、いっぱいなの」

実は、お弁当を持って帰って、だれかにあげるためでした。ほかの子どもたちもそうでした。

被災者キャンプには食べ物の配給があるといっても、十分な量ではないのです。それでも子どもたちは、自分一人で食べないで、誰かのために持って帰るのです。

外に出ると、太陽が沈もうとしていました。

自然の脅威の前に、思わず太陽に手を合わせてしまいました。

ナングロアチェ州　インドネシア・スマトラ島の北端。2009年より正式名称は「アチェ州」に。面積約5万8400平方キロメートル、人口約473万人（2014年）。

ナングロアチェ州では分離独立を求める「自由アチェ運動（GAM）」とインドネシア国軍との間に長期の武力紛争が続き、多くの犠牲者が出ていた。地震・津波の翌年に停戦を確認したが、その後も紛争が報じられている。天然ガスなどが豊富な天然資源に恵まれている。

第 10 章

コートジボワール 2006年

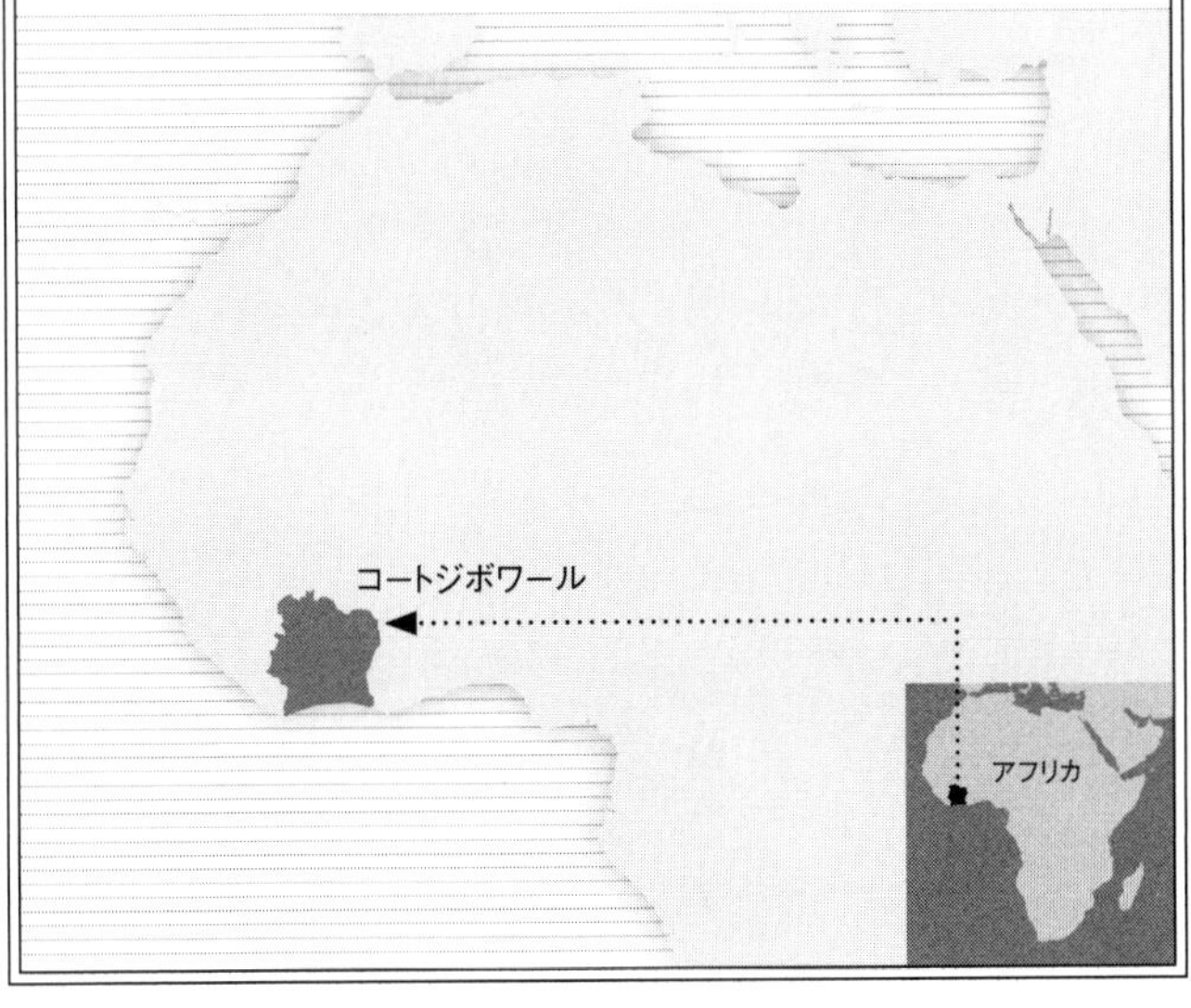

忘れられた子どもたち　コートジボワール報告

元少年兵はいった「とてもつらかった」

実質的な首都機能をもつ南の都市アビジャンから、反政府軍の拠点がある北部の都市ブアケへ、私たちは8台の車に分乗して向かいました。

高速道路を、車はときに時速100キロを超える猛スピードで、5時間走り続けました。

出発前、ユニセフのセキュリティー（安全）の責任者が厳重にいっていたことがありました。

「どんなことがあっても停まらないで。襲われる危険があります。みんな武器を持っています」

いつどこで紛争や襲撃が起こるかわからない。日本の外務省は全土に退避勧告を出し、4月には大使館を閉鎖しました。国連平和維持軍の事務所も襲撃されていました。

実際、現地のユニセフの職員は、寄ってきた車から銃を突きつけられ、車を奪われたりしていました。

今回の訪問が終わるころ、もっとも恐れていた交通事故が起きました。

そのときもセキュリティーの責任者は、車を停めた私たちに強く指示しました。

「戻ってはだめ。こういうとき、襲われるんです。走って！」

事故に遭《あ》った車に乗っていた４人は重傷でした。幸い近くのフランス軍の野戦病院で応急処置を受けることができました。

ユニセフ親善大使として訪問を始めてから22年間、初めての大きな事故でした。

移動中の車の窓から見えるのは、緑の豊かな森林と草原でした。亜熱帯気候の風景でした。アビジャンの年間平均気温26・５度、年間平均雨量は約１７００ミリ。緑の貴重な自然があるというのでアフリカの人たちは〝グリーンダイヤモンド〟と呼んでいました。

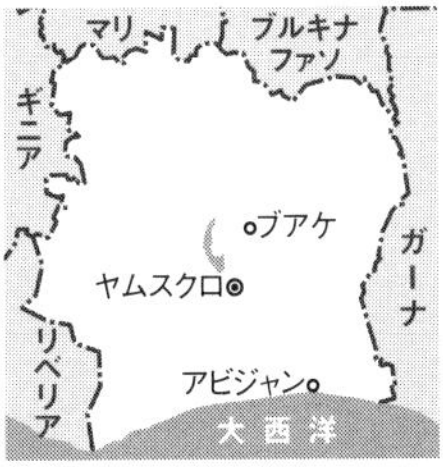

コートジボワール

私たちの車は、南の政府支配地域から、北の反政府軍支配地域の間にある緩衝地帯（国連の停戦監視部隊とフランス軍の監視地域）に入りました。

国連平和維持軍やフランス軍の軍用車が車列を組んで走り、武装した兵士たちの姿がありました。検問を待つトラックが列をつくり、兵士たちは武器を持ち込んでいないかどうか、1台ずつ調べていました。

一気に緊張が高まりました。まさに戦争状態といってもいい、と思いました。

コートジボワール第2の都市、北部の反政府軍支配地域にあるブアケに着きました。反政府軍の司令部のあった建物は、政府軍の空爆でめちゃくちゃに破壊されていました。軍隊から解放された子どものための「子ども兵士の動員解除支援センター」を、私たちは訪ねました。

2002年に始まった内戦では、数千人の子どもが兵士として銃を持ってたたかったそうです。子どもたちは、親やきょうだいを失い、友だちを失い、家族が離れ離れになって、暴力にさらされ、恐ろしい経験をしていました。

そうした15~20歳の元少年兵150人が、この支援センターに通っていました。ふつうの日常生活に戻れるように、社会に帰れるように、読み書きを勉強し、職業訓練を受けていました。

19歳の元少年兵アブーくんはいいました。

「兵士になったのは周りの人たちに勧められたから。友だちも兵士になりました。内戦中は、

ブアケで支援センターを訪ねた

主に警備の仕事をさせられ、野営キャンプを見回っていました。平和になってほしいです」

両親もいいました。

「引き留められませんでした。自分たちは仕事がなかったし、食べ物もなく、ひどく貧しかったから。仕方なかったのです」

16歳のユセフくんが少年兵になったのは12歳ごろでした。小さな妹を抱っこしながらいいました。

「とてもつらかった。パニックになったとき、人を殺さざるを得なかったときがあります。弾丸があちこちから飛んでくるときに、撃って……」

翌日、車の修理工場で、自動車整備工になるための訓練を受けながら働くユセフくんを、偶然、見かけました。

工場主のおじさんに声をかけると、「よく働くよ」という返事でした。

元少年兵というだけで人殺しと差別されたり、心に傷を負って不安定な状態にある子どもを、家族が家に入れたがらなかったり、食べることに困って、また武装集団に戻ってしまったり。

そんな深刻な話が多いなか、ほんとうに、よかったと思いました。

ＨＩＶ感染少年の一言「もう落ち込みません」

アフリカでＨＩＶ／エイズに感染している人の数は約２５００万人。流行の広がりは深刻でした（ＨＩＶとはヒト免疫不全ウイルスのこと。その感染で免疫力が低下し、エイズを発症します）。

エイズは、親の命を奪い、親を失った子どもは世界中で１５００万人、２０１０年までには１８００万人を超えると推定されています。

その10人のうち8人は、サハラ砂漠より南の地域の子どもたちでした。

コートジボワールは、状況が深刻な国の一つだったのです。

コートジボワールのＨＩＶ／エイズ事情を、現地のユニセフの担当者が説明してくれました。

「ＨＩＶに感染している人の割合は高く、15〜49歳の年代では7％です。毎年5万４０００人が新たに感染しています。平均寿命も低下し、この国は、46歳です。31万人の子どもがエイズで親を失っています。ＨＩＶに感染している子どもは4万人。毎年、1万６０００人が新たに感染しています。そのうち抗ウイルス薬による、治療を受けられるのは、わずか１０００人ほどです」

統計数字を聞いていると暗くなる思いでした。

アビジャンの郊外、アボボ。人口が密集し、国内避難民も流れ込んでいるという貧困地区です。

そこのＨＩＶ予防・検査センターは、小・中学校と連携し、気軽に利用できるよう、さまざまな努力をしていました。

エイズで親を失った子どもたちには、学用品を配布し、学校に通えるように。感染している子どもたちには、治療薬を提供するなど支援していました。

若者たちには、ＨＩＶ／エイズの正しい知識と予防法を知らせ、ＨＩＶ検査を勧めていました。

妊婦たちにも健診を呼びかけ、希望者にはＨＩＶ検査を無料でしていました。実際、多くの妊婦が集まり、検査を受けていました。

妊婦でＨＩＶに感染している人の割合は８・５～10％、そのままでは出産時に母子感染する危険が25～45％もあります。

感染がわかり、妊婦と出生直後の赤ちゃんに抗ウイルス薬を使えば母子感染を半分に減らすことができます。

センターの責任者は訴えました。

「治療薬が足りません。しばしば在庫切れになります。薬の値段が高すぎます」

反政府軍支配地域の都市ブアケにある「ＨＩＶ／エイズによる孤児のための支援センター」を訪ねました。

出迎えてくれたのは、紙で作ったティアラ（頭飾り）に、「ミスなぐさめ」のタスキをかけた19歳の女性コウアッシさんと、12歳の女の子オリビアちゃんでした。二人ともエイズで親を失っていました。

あとは、みんなで踊って、歓迎です。私も飛び入りで踊りました。子どもたちは、体を動かし、手でリズムをとって、大喜びでした。

とても明るくて、だからこそ、いっそう胸がしめつけられるようでした。

ここでは、ユニセフと協力し、感染している子ども２００人に治療薬を提供したり、カウンセリングをしたり、親を失った子どもが学校に通えるようにしていました。

抗ウイルス薬があれば、エイズの発症と進行を抑えることができます。

けれども、あまりにも患者が多く、治療薬が足りませんでした。

17歳のオリビエくんに聞きました。

「両親も僕も感染しています。感染は母が教えてくれました。ショックでした。でも、テレビ番組で、すごく大勢の子どもが僕と同じ状況だと知りました。僕ひとりじゃない。もう悲しむのはやめよう、と。落ち込みません」

12歳のアシスくんも答えてくれました。

「両親ともエイズで死にました。やさしいお母さんでした。僕も感染していて、不安はあるけど、薬を飲んでいれば忘れられます」

10歳の女の子エリカちゃんもいました。

「お母さんと一緒に暮らしています。お母さんも私も感染しています」

将来、何になるの、と私は聞きました。

「私と同じ病気の人たちを助けたいです」

ＨＩＶ／エイズがどんな病気か、治療しなければ、死が間近なことはよく知っています。それなのに、同じ病気の人を助けたい、と。みんな前向きでした。

帰ろうとした私に、

「すみません。最後にもう一度、話があります」とオリビエくんがいいました。謙虚で、静かないい方でした。

「僕たちは無視され、差別されているのに、こんな遠く、ここまで会いにきてくださって、僕たちの話をきいてくれて、ほんとうにありがとうございます」

インドの男の子のことが浮かびました。破傷風で死にかけているのに、うんと元気な私に、かすかな声で「あなたの、お幸せを祈ってます」って、いってくれた男の子です。

（どうして子どもはそうなの）って、けなげさに、私は彼の肩を抱いて、なでて、涙を隠しました。

赤ちゃん背に農作業「野菜づくり、うれしい」

２００２年に始まった内戦で反政府軍支配地域の北部と政府支配地域の南部に二分されました。

戦火を逃れて北部から南部へ、避難民は70万人にもなりました。そのほとんどは、女性と子どもとされています。避難民への支援はほとんどなく、健康状態は悪化しました。とくに子どもの栄養状態はひどく、病気への抵抗力を失って亡くなる子どもも増えています。

反政府軍支配地域に近い南部の都市ヤムスクロ。私たちはそこのカトリックセンターに身を寄せる避難民に会いました。

案内の修道女ソフィーさんはいいました。

「ここは障害者のための職業訓練施設でした。内戦が始まると避難民がどっと押し寄せ、足の踏み場もないほどになりました。いま552人が住み着いています。最初、避難民に食べ物をあげていましたが、それもできなくなったので、自分たちでなんとかしてください、とお話ししています。でも、私も、どうしていいのかわかりません。なにもできなくて、あのように泣いている女性もいます」

泣いていたのはブークレさん（32）でした。足が不自由で、思うように出かけられないでいたのです。暑く、薄暗い部屋でした。

私は逃げてきたときの状況を尋ねました。

「反政府軍が町を攻撃しました。死体が目の前にあって怖かったです。600キロの距離を、1〜2ヵ月の間、森に隠れながら、はうように歩いてきました。子どもが2人いるのに、ここでは仕事はないし、食べ物もありません。つらいです」

近くにいた避難民のクワクさん（40）もいいました。

「子どもが5人いたけど、内戦の混乱ではぐれて、一番下の4歳の子だけをなんとか連れてきました。夫は死にました。毎日、食べ物がなく、困っています。なんとか助けてほしい」

私はクワクさんの手を握るのが精いっぱいでした。

反政府軍支配地域の最大の都市ブアケ。人口は約78万人です。ここにあった病院と診療所は、ほとんどが内戦で破壊されたり、放置されたまま、医療器具は盗まれました。

医師や看護師、職員も、85％は南部に逃れてそのまま、帰ることもできないでいました。けれども、03年からはユニセフの支援を受け、4ヵ所の産科病院が再建されました。その一つ、ココの公立産科病院は、16床の入院設備をつくり、医師1人、助産師5人、看護師1人の態勢で診療を始めていました。

助産師長のトゥーレさんはいいました。

「医師や助産師の助けなしに出産し、多くの妊婦が亡くなっています。妊婦には病院で少なくとも1回の健診を受け、病院で出産するよう勧めています」

コートジボワールでは妊娠や出産が原因で死亡する妊産婦死亡率は、10万人あたり年間750人。1000人に7～8人です。

「この産科病院では1ヵ月間に約260人の妊婦健診をやり、235人の乳児に予防接種しています。妊産婦以外の人の病気やけがの治療もしています」

マラリアも深刻で、妊産婦と乳児には、殺虫剤処理された蚊帳が無料で配布されていました。

処置室では、生後間もない赤ちゃんを連れて予防接種にきていた若いお母さんがうまく抱っこできないでいました。

思わずクスッと笑ってしまったのは、そばの看護師さんが「貸しなさい。こうやんのよ」といって、馴れた手つきで赤ちゃんを抱っこしたことでした。きっとお母さんなんでしょう。

若いお母さんはまだ15歳でした。

サハラ以南の地域の女性たちの25〜48%は18歳前に結婚しています。早過ぎる結婚によって女性たちは、子育てや家事など、おとなの役割を担わされ、自立や教育の機会を奪われていました。

それでも、若いお母さんが赤ちゃんを連れて、予防接種ができるだけでも幸せと思いました。

都市ブアケから北へ、車で3時間半、人口約１８０人のコウノントンボゴ村。農耕と牧畜が中心の典型的な田舎です。

ここの女性たちは、がんばってお金を出し合い、協同組合をつくり、野菜を生産していました。

協同組合は、女性自身の力で野菜をつくり、自信と自立心、学ぶ楽しみを知ることを目的にしていました。

親善大使がくるというので、女性たちはみんなきれいに着飾って、畑で作業していました。腰を曲げて収穫する女性たちは赤ちゃんをおんぶしていました。作業中の揺れが気持ちいいのか、よく眠っていました。

平和だからこそ見ることのできる風景でした。

ニンジンは葉が勢いよく茂り、大きくて立派なオクラも採れていました。ナス、キュウリなども栽培していました。

女性たちは、大型の井戸から水をくみ、じょうろに移して、畝《うね》に広がる葉っぱにかけていました。

声をかけると、女性は顔を上げ、いいました。

「種をまき、水をあげると、どんどん生えてきます。子どもに栄養のある野菜を食べさせることができて、うれしいです」

深刻な話が多いなか、初めて見るような明るい表情でした。

畑はさくつきでした。そこにある大きな井戸、農機具、種はユニセフと現地のＮＧＯ（非政府組織）が提供したものでした。

案内の男性がいいました。

「治安の悪化と避難民の発生で、農業生産が激減しました。子どもたちの栄養状況は最悪に近い状態です。ここ北部では10人に1人が重度の栄養失調、5人に1人が栄養不良による発育障害の症状があります」

それでも、お母さんたちが農業できるのは、ユニセフが掘った井戸の水があるからできたことです。水をあげることは、命をあげることになるのです。楽しい話は、私に「わざわざ来てくださって、ありがとうございます。何もありませんが、村人の心からのお礼です」といって、生きた白い山羊を一頭プレゼントしてくれたことでした。私が、「じゃ、この山羊の名前はトットちゃんにします」というと、みんな大拍手でした。山羊は、アビジャンまで連れて行き、孤児院のペットとなることが決まりました。

ストリートチルドレン「夢はサッカー選手」

コートジボワールのカカオの生産は、年間100万トン。全世界の36％を占めます。

みんなが好きなチョコレートです。

北部に近い政府支配地域の都市ダロア。その周辺のカカオ農家5325戸が登録するカヴォキヴァ組合は、年間1万5000トンをあつかいます。組合の農園総面積は1万7000ヘクタールにもなります。

でも、コートジボワールのカカオ生産には、複雑で大きな問題がありました。

近隣の国の貧しい家庭から人身売買された子どもたちも含め、約20万人の子どもたちが奴隷のように働かされているという報告があるからです。

児童労働にたいして、国際社会は「国際ココア・イニシアチブ」というグループをつくり、共同で監視したり、基準を満たす農園に認定証を出したりしていました。

このカヴォキヴァ組合は、認定証を2回受けて、子どもたちの学校の支援もしている模範的な組合とされています。

でも、現地のユニセフ事務所のフェリクスさんは「問題解決にはまだまだ遠い」といいました。

私たちは、そのカカオ生産組合を訪ねました。

倉庫に入ると、カカオ独特のにおいがし、カカオの麻袋が高く積み上げられていました。

組合の責任者が説明します。

「いまは小収穫期でそうでもないが、10～2月の本収穫期には倉庫いっぱいになります」

カカオが積まれた前に、親善大使という見たことのない女の人がいる、と子どもたちがぞろぞろと集まってきました。

そこをテレビが撮影したときでした。

案内してくれた組合の男性がすごい勢いで怒り始めたのです。

「なんで撮るんだ。カカオと子どもを一緒に撮らないで！　いまは子どもたちを働かせていないんだから」

国際的に悪い印象をもたれたら、カカオが売れなくなってしまうことを恐れていたのです。

外にいる子どもたちに、「農園ではなにしているの」と聞きました。

答えはどの子も同じでした。

「お父さんと一緒についていって、仕事を見ているだけなの」


内戦は学校を破壊しました。教師の大半も逃げたままです。とくに反政府軍支配地域の北部では、ひどい状態でした。

ちょうど破壊された学校の再建がユニセフの支援で始まっていました。再開した小学校は16校から43校に、通う子どもたちも2倍以上に増えて、約６８００人になりました。

北部の都市コロゴの郊外。近隣の7つの村が共同して、ことし1月にできたばかりの小学校を訪ねました。運営費用も教師の給料も、村人たちが出し合っていました。

教室に入ると、20人ぐらいの子どもが公用語のフランス語を勉強していました。ノートは25センチ四方の木の切れ端を黒く塗ったもので、白墨を使い、文字を書いていました。何回も書いては消しているので、うまく消えなくなっていました。

私も机に向かいました。隣の子の書く文字が気になってのぞくと、「m」を手袋の指みたいにして、いくつもいくつも書いていました。

かわいかったのは、私が日本語で「あなた、ちょっと白墨、貸しなさい。ほら、こうして。ちゃんと書くのよ」といったら、「はい」とうなずいて直したことでした。

子どもたちはみんな勉強に一生懸命でした。目が輝いていました。

別の村では、大きな木の下に黒板を置いただけの青空学校で、子どもたちは、算数の足し算の勉強をしていました。

案内の人が教えてくれました。

「畑を耕す家畜の世話で忙しいので、遠くの学校には通えない子どもたちです」

問題の答えが合うと、できた、できた、とリズムよく手をタタタン、タタタンとたたきます。

ここにも子どもたちのいい笑顔がありました。

コロゴには、ストリートチルドレンだけのサッカーチームがありました。10～18歳までの137人が登録しています。

その練習試合を見ました。サッカーを始めて4ヵ月というのに、子どもたちはすばやく動き、はだしでボールを蹴り、パスし、シュートします。

サッカーに詳しい同行のカメラマンは、「うまい」と驚いていました。

チームのコーチであり、NGOの代表フォファナさんはいいます。

「内戦が始まると、貧しさも進み、避難民も出て、ストリートチルドレンが増えてきました。このなかには両親を失った子もいるし、家で虐待を受けた子、隣国から流れてきた子もいます。そういう子どもたちがスポーツを通じて、『自分は見守られている』という感覚がもてるようにしたかったのです」

私たちがコートジボワールを訪ねている最中、サッカーのワールドカップ（ドイツ大会）がありました。残念ながら、コートジボワールは1次リーグで1勝2敗でした。

コートジボワールで会った人たちは口々にいいました。

「北部も南部もなく、一つになって応援できた」

ストリートチルドレンの試合も終わりました。

将来、なんになりたいの、と聞きました。

「サッカー選手！」

全員、同じ答えでした。

どんな逆境のときでも、おとなが絶望しているときでも、子どもは前向きに生きていこうという力をもっている、とうれしくなりました。

コートジボワール共和国　面積32万2436平方キロメートル（日本の約0・9倍）。人口2060万人（2012年）。1960年、フランスから独立。独立後は経済も順調で、「西アフリカの優等生」といわれた。産業は農業中心。カカオの生産量は年間100万トン、全世界の生産量の36％を占める。99年、クーデター。2002年、クーデター未遂事件が起こり、内戦が始まる。この後、北部は反政府軍が支配し、南部は政府軍が支配。03年と05年、2回の和平合意が結ばれたが、政府軍による大規模な空爆などで破られた。外国資本の企業はほとんどが撤退。05年の和平合意で約束された武装解除や選挙人登録は進まず、国連安保理決議で、10月予定の大統領選挙は1年延期が認められた。06年、再び和平合意へ向けた対話が始まり、平和的な大統領選挙をめざすが混乱。この間、国内避難民は70万人にのぼる。全国民の3分の1が貧困状態。

第 11 章

アンゴラ 2007年

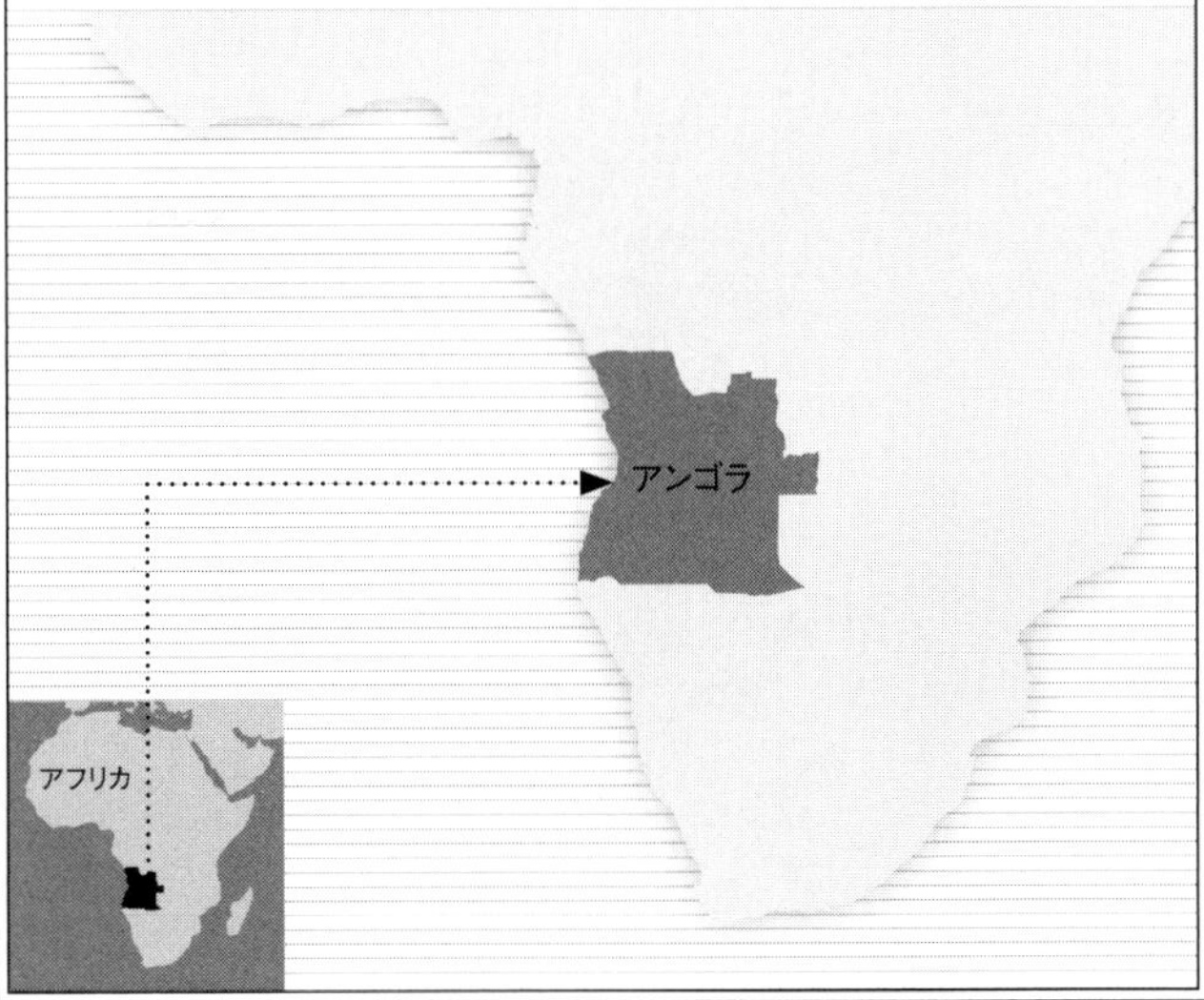

取り残された子どもたち　アンゴラ報告

孤児を引き取った母「家族って必要よ」

アンゴラの首都ルアンダは、18年前にユニセフ親善大使として訪問したときと、まったく違っていました。

当時は内戦中で、建物という建物、ガラス窓はすべて壊され、何もかもめちゃくちゃでした。

街には、地雷で脚を失い、松葉づえをついた数え切れないほどの迷彩服の兵士たちが歩き、路上で生活する大勢の子どもたちがいました。

内戦を逃れ、家を離れた国内避難民は400万人以上にもなり、100万人以上の子どもが死亡（推定）したのでした。

平和になって5年、いま、かつての内戦の傷跡はほとんど消えていました。

建物はピンク色とか、白色に塗られ、きれいになり、イルミネーションで飾られていました。

まばらだった車は増え、無秩序に駐車して道路をふさぎ、その間を強気が勝ちみたいにして走っていました。

いまアンゴラは、石油の産出で経済成長率が年20%以上にもなっています。でも、都市に住む人たちの約70%は貧しい生活でした。中国が最大の輸出先になっています。社会基盤整備のために中国からの労働者が、あふれています。

街の中心部からちょっと離れたところに海岸地区があります。泥れんがでつくった粗末な家が立て込み、多くは水道もなく、電気もきていません。

2006年には、そこからコレラの流行が始まり、内陸部に広がりました。感染者は4万人以上にもなり、非常事態宣言が出されました。

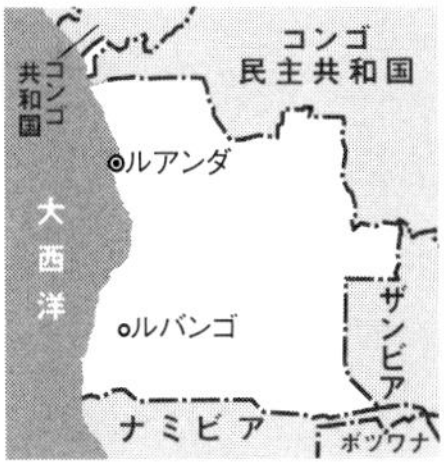

アンゴラ

その後、子どもたちに、はしかが流行しました。

現地に住む人がいいました。

「悲しいことですが、衛生状態が悪く、多くの病気があり、人がよく死ぬんです」

家が立て込む海岸地区の近く、ロクサンテーロ市場を訪ねました。

アンゴラの人たちがアフリカで一番大きいといっている青空市場です。18年前、50人ほどで始めたものが、いまでは3500人が店を出すほどの規模に大きくなっていました。

ここでは一日150円ほどを払えば、だれでも店を出せます。店といっても、でこぼこした土の上に50センチ四方の台を置いてあるだけですが。

売っているのはほとんどが女性たちで、トマト、ジャガイモなどの野菜、肉、魚、干物、電化製品、家具など、なんでもありました。

子どものTシャツは約150円。ほかのアフリカ諸国と比べると高めでした。

気温は40度ぐらいで暑くて、ほこりっぽく、お肉や魚には、ハエが黒い布のように群がっていました。買っている人は、あまりいませんでした。

印象深かったのは古着の店でした。いくつもの白いウエディングドレスが風に揺れていました。誰が買うのでしょう。

特別すてきなドレスというわけではなかったのに、なにか結婚する若い女の子の気持ちが伝わってくるような感じで、いいなって思いました。

内戦中の訪問では見ることのできない、平和だからこその風景でした。

大きな青空市場を歩くと子どもたちが笑顔を見せる

首都ルアンダのなかでももっとも貧しい地域の一つ、ポプラール地区には10万人が住んでいます。

車が走れる道は1本で、あとは人がやっと歩ける路地が泥れんがの一部屋だけの家の間を通っていました。家賃は月1300円くらいだそうです。

その一つの家に入ると、中は暗く、すごい暑さでした。5畳ほどの広さで、ベッドが一つあるだけ、台所用品も食べ物も見当たりませんでした。

ここに住む女性のエバさん（38）は、生後6ヵ月のパウロちゃんをうつぶせに寝かせ、子守歌をうたいながら、お尻を軽くたたいていました。

そのパウロちゃんは孤児で、養子でした。

最初の夫は死亡し、2番目の夫との間に5人の子どもがいます。いまはトウモロコシのお酒をつくり、それを売って生計を立てています。

私はエバさんに尋ねました。

「家が小さくて、子どもも5人いるのに、パウロちゃんを引き取ったのはどうしてですか」

エバさんは答えました。

「家族がいなくては、かわいそうじゃない。だれだって家族って必要よ。みんな、うちの子です」

こんなに貧しく、子どもがいっぱいいるのに、家族がいないからかわいそうと、子どもを引き取るという考え、すごいな、と思いました。

マラリアを防ぐため蚊帳の中で寝てね

首都ルアンダの近郊、キランビキアシ地区も貧しい地域でした。

空港近くのその地域には、ゴミ集積場がいくつもあり、子どもたちはゴミの中から売れそうなものを探していました。


アンゴラの失業率は高く、70％（02年）。

男性は仕事がなく、アルコール依存症に陥ることも多いそうです。

ほとんどの女性は、小規模な小売業などで生計を立てていました。

この地区にある聖ジョアオ教会を私たちは訪ねることにしました。

神父様のベンジャミン・ザンネさんは、21年前にアンゴラにこられたそうです。神父様は、そばにいる女の子を紹介しました。

「彼女は11歳です。小さいとき、お母さんが彼女を置いて家を出てお父さんは新しい女性と暮らし始めました。2人のお母さんとの間に8人の子どもがいます。離婚や短期間の同棲《どうせい》が多く、家族が安定していないので、子どもへの影響が心配です」

この地区の子どもの数は平均7人。出生登録はありませんでした。貧しくて育てられないから、と毎年2500人以上の子どもが捨てられていました。

この地区には、ストリートチルドレンや孤児のための施設があり、540人（90人は0～2歳）が保護されていました。

教会でも、ストリートチルドレンや孤児たち500人を支援しています。子どもたちの多くは、髪が茶色になり、おなかがふくれた栄養不良の状態でした。

アンゴラ全体でも、栄養不良は深刻で、5歳未満の子どもの半数が発育障害を起こしています。

神父様はいいました。

「食べる物も水道も電気もない。そして希望も。みんなこの地区から出たいと思っているんです」

聖ジョアオ教会は、母親たちに孤児を養子として引き取ってもらうフォスターファミリーの活動も進めていました。

03年11月から始め、これまでに55人の子どもが42家族に引き取られていました。両親のいない子どもたちは、優しい母親を必要としています。

養子として迎えても、お金や物の援助があるわけではありません。まったくの善意でした。

私はそんなお母さんたちから話を聞きました。

ビクトリア・アンドレイさんは、自分の子どもが4人いて、生後3ヵ月と4ヵ月の赤ちゃんを引き取っていました。

いまは3歳に成長した、その子どもたちを誇らしげに紹介しました。

「こんなに大きくなったのよ」

ヘンリエッタさんは、2人の子どもを養子にしていました。その1人は耳が聞こえず、片目が見えませんでした。

私は尋ねました。

「引き取るときから障害を知っていたのですか」

「わかっていました」

私は、その子に「みんながお友だちになれるからね」と話しかけながら、手話を教えました。

私の指の動きをまねして、女の子は、ちいちゃい親指と人さし指、小指を立てました。

「アイ・ラブ・ユー」

もう帰らなければ、というとき、案内してくださった神父様がイタリア人だとわかったので、車の窓からひと言だけ知っているイタリア語で〝一緒に行きましょう〟って。ちょっとそこまで、という軽い気持ちでした。

神父様はおっしゃいました。

「一緒に行きましょう。同じ道を、ね」

子どもを大切にしていきましょう、という意味とわかり、胸がつまりました。

私たちは、首都ルアンダから飛行機で2時間、南部のウィラ州都ルバンゴ（人口約80万人）に向かいました。

そこのミッチャ保健センターを訪ねると、予防接種を受けるため、子どもを連れたお母さんたちが集まっていました。

看護師さんが教えてくれました。

「一日平均80～100人、月曜日にはとくに数が増えます」

ポリオや、はしかなどの予防接種が終わると、お母さんたちに蚊帳を渡していました。

予防接種とか、妊産婦健診、母乳保育の指導などと一緒に蚊帳を渡すというのは、ユニセフが考えた効率的な配布方法でした。蚊帳は殺虫剤で処理してあり、マラリアを媒介する蚊を寄せ付けません。

マラリアは、アンゴラでは大きな問題で、年間320万人がかかり、その3分の2は、5歳未満の子どもです。マラリアは、子どもの死因の第1位なのです。子どもの命を救うためには、殺虫剤処理した蚊帳の配布が緊急に必要です。

07年、ユニセフは100万枚の殺虫剤処理した蚊帳を配布しました。それでも、子どもで蚊帳で眠るのは10%、殺虫剤処理をした蚊帳で、となるとわずか2%です。

待合室で、私は予防接種にきた生後4ヵ月の女の子を抱っこしました。

その間に、お母さんは蚊帳を受け取りました。

看護師さんが説明を繰り返していました。

「蚊帳はつって、蚊帳の〝中〟に寝てくださいね」

この地方の迷信のせいか、蚊帳の中に寝るのに、ためらいがあるようなのです。蚊帳の中に入って寝ないおとなが多いのは、聞いてみると、中に入ると魂を抜かれる、というような迷信が、まだ残っているようです。日本でも、昔、写真を撮られると魂を抜かれる、といって、いやがった人がいたそうですが、そういうものかも知れません。あとは、蚊帳でウエディングドレスを作ったり、お魚をとる網につかったりするので、それは、やめてほしい、とユニセフはたのんでいるそうです。

ルバンゴでは、子どもラジオ局があり、毎日、子ども自身が制作した番組を放送していました。

マリア・レモさん（16）とクレイト・ボージャスさん（15）のインタビューを受けました。

「18年前にアンゴラを訪問したときと比べ、何が変わりましたか」

私は答えました。

「平和です。病院で子どもたちが予防接種を受け、蚊帳をもらっているのも見ました。でも、子どもたちはいろいろな問題に直面しています」

空港で地元の記者からも質問を受けました。

「ユニセフ親善大使からアンゴラの子どもたちへの贈り物はなんですか」

私はいいました。

「子どもたちに幸せな未来をあげたいと思います」

孤児が歌った「過去は忘れよう」

平和になったいまも、学校の教室は不足したまま、6～11歳の子どもの62％しか通えていませんでした。一教室あたりの子どもの数も多くなっています。

私たちは、南部の州都ルバンゴのはずれ、貧しい地域のトゥンダバル小学校を訪ねました。

ユニセフの支援と、地区の住民参加によって、01年に建設しました。

教室は2つでした。

197人の子どもが通い、午前と午後の二部制にしていました。

それでも地区の200人あまりの子どもは通えないでいます。

校長先生のフェルナンドさんが訴えました。

「教室が足りないので、4～6年生は8キロ離れた別の小学校に通わなければなりません。木の下で授業するクラスもあります。もう一つ、教室がほしい」

その木の下で、子どもたちと私は、犬や猫、牛、鶏などの擬音語遊びをしました。

大きな笑い声でした。

そばで校長先生がいいました。

「地区のおとなの住民の大半は内戦で学校にいく機会を失い、字が読めません。三部制にして成人識字教室をやりたいのです。けれども、夜は電気がないのでできません。発電機がほしいんです」

アンゴラでは家庭が貧しく、5～14歳の子どもの約30％は働いています。性的、経済的搾取、人身売買の犠牲になることも少なくありません。

首都ルアンダには、そうした若い女性のための更生施設イルンバ・センターがありました。アンゴラ唯一の政府の職業訓練センターで、398人が入学していました。

施設の担当者や講師たちが迎えてくれました。

「前は保護された女性だけでしたが、いまは、一般の女性も受け入れています。『更生施設』が蔑視《べっし》され、そこに通う女性が差別されるのを防ぐためです。ですから、『短期職業訓練施設』といっています。訓練の期間中に出産する女性も多く、赤ちゃんを預かる部屋もあります」

驚いたのは、ネイルアートとインテリアデザインの訓練コースがあったことでした。

つらい過去を背負った女性たちが夢のある職業につけるように、という考えからでした。

ネイルアートの教室に入ると、マニキュア塗りの実習中でした。

女性は自信に満ちていました。

「アンゴラの女性はネイルアートが大好きなんです」

でも、日本のネイルアート店と違うのは、感染症を予防する大きな紙が教室に張ってあったことです。

「ＨＩＶ、Ｂ型肝炎、出血熱に注意」。日本では、考えられないことです。

外では、インテリアデザインを学ぶ女性たちが結婚式用の飾りをつくっていました。新聞紙を細長い竹のように丸めて編んだ籠《かご》に、リボンやチュール（薄い網状の布）を付けていました。

その一人、エバさん（17）はいいました。

「私は片目が不自由です。内戦から逃れるとき両親と別れてしまいました。独身だけど、子どもが２人います」

でも、誇らしげでした。

訓練コースを修了した女性には、すぐに仕事を始めるために必要な道具が提供されます。

若い女性たちの自立の夢を実現する、こうした職業訓練もいいなって思いました。

アンゴラのＨＩＶ／エイズ感染率は、南部アフリカでは低いといわれています。15歳以上で３・７％。20万～45万人です。

HIV／エイズについて、知識のないことが大きな問題でした。15～49歳の女性の3人に1人は〝エイズを知らない〟と答えています。

HIVに感染した子どもは、偏見から捨てられることもありました。

私たちは、ラル・クゾラという、HIV／エイズに感染した子どもたちや身体障害児、その他の理由で孤児になった子どもたちを保護するための施設に向かいました。

このような施設は全国に45あり、合計7064人が保護されています。

ラル・クゾラは教会と政府が運営していて、0～13歳まで260人が保護されていました。

修道女と政府関係者が案内してくれました。

「HIVの感染がわかり、治療の必要があれば、抗ウイルス薬を投与します。もちろん、ほかの子どもと分け隔てすることはありません」

屋外では、子どもたちが歌と踊りで歓迎してくれました。

私は学習障害の男の子をひざにのせて聞きました。

子どもたちは、澄んだ歌声で、それはこんな歌詞でした。

〝捨てられてしまったという過去は忘れよう。悲しい過去は忘れよう〟

それでも、それでも、前向きに生きていくんだ。私も一緒に、歌いました。

なんて、けなげな歌でしょう。

南部の小さな村で、2カップほどのトウモロコシの粉を売っていた15～16歳の少女のことが浮かんできました。

一日の売り上げは100～200円。それで家族が生活していました。

一方、アンゴラはアフリカ第2位の産油量があり、石油関連の輸出額は2兆円以上。私たちが行った首都ルアンダのふつうのレストランの昼食代は5000円。途方もない格差でした。

政治がきちんとしていないと、国は豊かであっても、人々は貧しいままです。

ユニセフは、いま2300万ドル（約27億6000万円）を子どものために使えば、今後3年間に7万5000人の子どもと2000人の母親の命を救うことができるはず、といっています。

訪問の最後にお会いした社会復帰支援大臣に、私は、お願いしました。

「お金を、子どもたちの教育のため、未来のために使ってください」

アンゴラ共和国　面積124万7000平方キロメートル（日本の約3・3倍）。人口2147万人（2013年）。公用語はポルトガル語。1975年、ポルトガルから独立。以降、政府軍と反政府軍・UNITA（アンゴラ全面独立民族同盟）との内戦が27年間続く（独立戦争14年と合わせ、41年間）。内戦で3６０万人の命が奪われた。８００万個の地雷が埋まっている。２００２年4月、停戦合意し、内戦は終結したが、長期の戦争で経済は極度に疲弊した。もともと石油、ダイヤモンドなど鉱物資源が豊富。石油はナイジェリアに次いで、アフリカ第2位の産油国に。輸出全体の90％は石油関連が占める。貧富の差は大きく、人口の68％は一日1・６８ドル以下（01年）の生活。貧困は農村地区でさらに厳しく94％の家庭が貧しい。うれしかったのは、日本の日立（現在、㈱日建）が開発した地雷除去車を二台買ったと、ナンバー2の大臣が教えてくださったことだった。

第12章

カンボジア
2008年

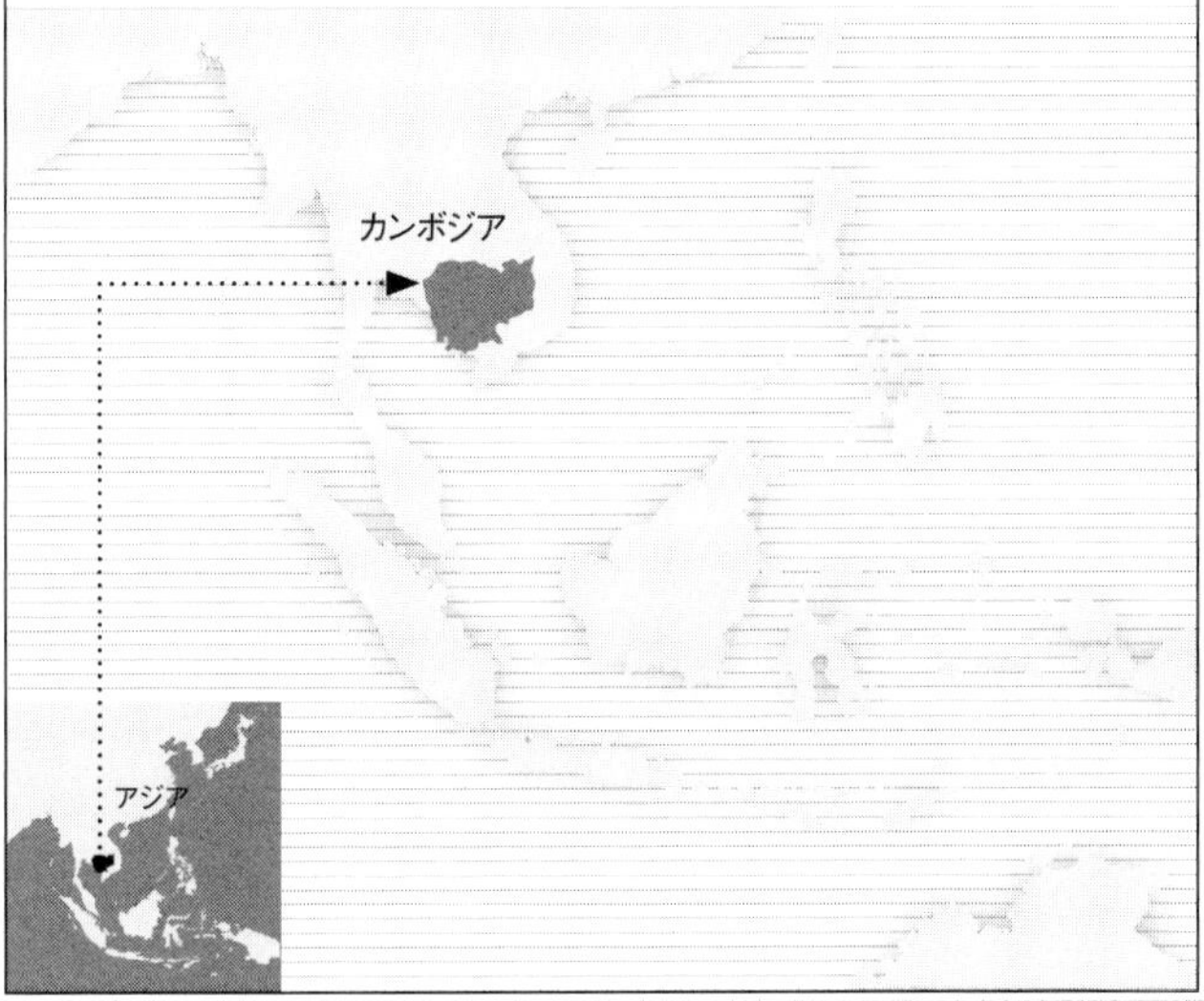

カンボジア訪問

次世代に伝える虐殺の記憶

ポル・ポト政権による大量虐殺から30数年が経ちました。

首都プノンペンに着いて驚いたのは、そのにぎやかさでした。

20年前の１９８８年、ユニセフ親善大使として訪ねたときとは、まったく違っていました。当時は、戦争で破壊された跡が残り、荒廃していました。夜はもう真っ暗で、戒厳令がしかれ、外出は禁止、自動車も走っていませんでした。映画の「キリングフィールド」そのもののようでした。

それが人口約１００万人の都会に変わっていたのです。街は再建され、ビルが建ち、ホテルや店が増え、照明で明るく照らされていました。

道路は、自動車と数多くのオートバイで込み合っていました。そのオートバイは、家族そろって４人乗り、５人乗りが当たり前でした。

活気というか、カンボジアの人たちのたくましさ、生活力を感じさせる光景でした。

どうしてもここを訪ねたいと、私たちは、トゥールスレン虐殺博物館に向かいました。70年代後半、ポル・ポト政権の強制収容所だったところで、元は中学校校舎でした。ここで、わかっているだけでも1万７０００人が殺されました。そのなかには子ども２０００人も含まれています。

拷問の道具、拷問された部屋などがそのまま保存されていました。

壁には一面に写真が張ってありました。殺された人たちでした。子どもも、赤ちゃんを抱いたお母さんもいました。

（どうして私は殺されなければならなかったの）って。そこには、悲しみがあふれていました。

カンボジア

私は言葉を失ったまま、チェンエク記念墓地にいきました。強制収容所からトラックで運ばれ、２万人が殺されて、埋められたところでした。

墓地はメコン川のほとりにあり、緑鮮やかで静かでした。ところどころのへこみは、人骨を掘り出した跡でした。

20年前に訪問したときの記憶は、絶対に忘れっこありません。

目の前には土から掘り出され、洗われ、きれいにされた9000個の頭蓋骨が積まれていました。

どの顔も悲しそうに見えました。

そのなかに、私は、ずっと立っていました。

いまも、殺された人たちの叫び、泣き声が聞こえてくるようでした。

通訳の20代のカンボジア人女性のナヴィさんは私にいいました。

「祖父も祖母も、おじさん、おばさんも殺されました。多くの人は親戚のだれかが殺されています」

その大量虐殺の跡は青々とした草むらに隠れていました。

私は思いました。三十数年前にどんな虐殺があったか、を次の世代に伝えていかなければ、わからなくなってしまう。

日本だってそうです。

戦争の悲劇を二度と繰り返しては、ならないのですから。

つらい訪問のなか、思わずクスッと笑ってしまったのは、トラペン・アレック村の幼稚園を

子どもたちが私の似顔絵を描いてくれた

訪ねたときでした。

3～5歳のちいちゃい子たち20人が歌と踊りで迎えてくれました。

高床式の教室では、私の似顔絵を描いて、うまいでしょ、といった感じで持ってきます。

その似顔絵は、精いっぱいかわいく描いているのですけど、髪が一本も生えてなかったりで、もうおかしくて。

カンボジアでは小学校に入学できるのは75%。しかも、貧しさから1年生のうちに1割がやめ、卒業できるのは約半数です。でも、幼稚園に通った子どもは違います。

学習する環境になじんで、小学校に入学する割合も、卒業する割合も高いからです。

ユニセフは、とくに就学率の低い地域を対象に、地域で幼稚園をつくり、運営するという就学前教育を広げていました。2007年には、937の幼稚園を支援し、2万人の子どもが通っています。

ここの幼稚園でも、ユニセフは、地域住民から先生を募って訓練し、給料を支払い、学用品を配布していました。教育のある人は、ポル・ポトにほとんど殺された国です。どんなに先生を養成するのが大変だったことでしょう。

幼稚園の先生がおっしゃいました。

「幼稚園自体が少なく、子どもの6%しか通っていません。教材がもっとあって、おやつや給食が出せたらもっとくるでしょうけど」
ちいちゃい子たちと私は、みんなでつながって、電車ごっこをしました。子どもたちの楽しそうな姿、笑い声は何ものにも、代えられません。救われる思いでした。

3歳なのに体重は1歳

カンボジア北部のストゥン・トレン州へ、車でひたすら走って10時間。ガタガタ道です。さらにメコン川を高速ボートに乗り換え、30分。カンプン保健センターに着きました。船着き場もなく、岩を、よじのぼるのです。（この年で、こんなとこ来る人って少ないかも）私は、よじのぼりながら、考えていました。

保健センターでは、これから巡回チームが保健施設のない村を訪ねるというので、私たちも同行することにしました。

巡回チームは5人、うち2人が助産師でした。月に1回、2週間かけて村々を回り、予防接種や妊婦健診、栄養指導などをします。

道は水たまりだらけで、家の前には魚を飼う池があり、さくもありません。

農村部の子どもの事故死の1位は水死。子どもの栄養のためにお魚を飼っているのに、悲しいことでした。

村には、保健ボランティアがいて、妊婦さんや赤ちゃんを連れたお母さんたちを集めていました。健診にこられなかった人には、巡回チームが家庭訪問します。

乳幼児健診の順番を待つ子どもたちの体は小さく、やせていました。

「あなたは2歳？」と聞くと、4歳だったり、「6歳？」と聞くと、9歳だったり。髪は茶色になり、つやもありません。

少数民族の村で会った3歳のニッチちゃんもそうでした。体が小さく、体重は10キロしかありません。これは1歳児の平均体重と同じでした。

お母さんのプレック・デューさん（26）は、力なく答えました。

「ええ、育っていないんです。田畑の仕事が忙しく、一日3食あげているけど、食べたがらないし……」

カンボジアでは、5歳未満の子どもの36％が低体重、37％が身長の低い発育不良、7％が栄養失調でした。12人に1人は5歳の誕生日を迎えないまま死亡していました。

保健センターの助産師が説明してくれました。

「生後半年は母乳で順調に育っても、2歳までの間に適切な離乳食が十分に与えられないために成長が遅れることが多いのです。そんな子どもが3人に1人います」

妊産婦の死亡率の高さも問題で、妊産婦10万人あたり年間540人でした。

今回、訪ねたストゥン・トレン州の農村部では、助産師などの立ち会いで出産する女性の割合は13％。首都プノンペンでは86％なのに、です。

農村ではまだ伝統的なお産婆さんや家族、親類の女性が出産を手伝うことが多いのですが、衛生面の問題、病院まで遠いなどで、多量出血の処置、感染症などの対策がとれません。

現地のユニセフの担当者がいいました。

「貧しく、教育を受けていない農村の女性は、衛生的で安全な医療施設や助産師の立ち会いで出産する割合が低いのです。貧富の差、農村と都市の格差は広がっています」

カンボジア全体でも一日1ドル以下で生活している人は34％もいます。

タラ・ボリワ保健センターでは、ユニセフの支援で、近隣の村々の伝統的なお産婆さんたちに訓練をしていました。

害になる風習はしないこと。逆子《さかご》やむくみなど、危険な兆候を見つけたらすぐに医療施設に照会することを徹底して教えていました。

お産婆さんは、村人と医療施設を結ぶ大切な橋渡し役を担っているのです。

お産婆さんの一人がいいました。

「昔は竹などでへその緒を切っていたけど、保健センターが衛生的な器具などを提供してくれます。内容も変わりました」

私はポル・ポト政権時代のことも尋ねました。学者、学校の先生、お医者さまなど国民に大きな影響力をもっている人から虐殺されたからです。

「産婆だと殺されるので、農民として暮らしていました。村人に頼まれたときは、こっそりやっていました」

この50代後半のお産婆さんの顔には、深いしわが刻まれていました。とても50代には見えません。密告を恐れた人生だったのです。

それは、地獄のような時代を生き抜いてきたあかしのように見えました。

ストゥン・トレン州でもっとも高度な医療を提供する大きな総合病院を訪ねました。HIV検査とカウンセリング、母子感染の予防活動を積極的にやっていたからです。

カンボジアのHIV感染率はアジアで最悪でした。でも、97年の3%から、06年には0・9%に減少しました。アジアでは感染が拡大している国が多いなかで、予防の取り組みの成果でした。

小さなコンビニのような店に入ったら、レジのそばに数多くのコンドームが置いてあって、びっくりするほどです。

病院の医師はおっしゃいました。

「最近のＨＩＶ感染の大半は母子感染です。感染している妊婦のうち母子感染予防の治療を受けているのは14％しかいません。でも、いまは抗レトロウイルス薬で母子感染を予防できるのです」

14歳未満の子どもの感染者数は３０００〜４０００人。その多くは孤児という深刻な問題もあります。

ＨＩＶ検査を受けにきた若い夫婦は、検査30分後に「陰性」と知らされ、喜んでいました。〝検査は二人で受けて〟というユニセフなどの呼びかけが広がってきているように思いました。

目を輝かせ一生懸命

カンボジアでは地雷による犠牲が深刻でした。

400万～500万個が埋められたままです。

2000～04年の間、地雷で4000人以上が死亡、うち25％以上が18歳未満でした。いまも地雷や不発弾で年に450人が亡くなっています。国民350人に1人が手足をなくし、これは人口あたり世界一の犠牲者数でした。

首都プノンペンから北へ、車で3時間半、コンポン・トム州の地雷対策センターを訪ねました。

地雷処理を見学するには、重い防弾チョッキにヘルメット、顔を透明なプラスチックカバーで覆わなければなりません。

森の中で、まず、じゃまな木や草を刈り、自分の立つ場所と30センチほど先にバー（棒）を置いて、その間を地雷探知機で調べます。地雷がないとわかったら、バーをさらに30センチ先に置き、一歩前に出て同じようにして探します。その繰り返しでした。一日8時間、気が遠くなるような作業です。湿気が多く、蒸し暑く、汗が流れて、顔を覆うプラスチックが曇るし、外の音はヘルメットで聞こえにくく、息苦しくなります。

この日、クラスター爆弾（子爆弾を広範囲にまき、不発弾が多い）の不発弾が3個見つかりました。畑の真ん中で爆発させると、大きい音がして砂煙があがりました。

これまでユニセフは、6000個の地雷と1万7000個の不発弾を取り除きました。07年には、175万人の小学校の子どもと若い人に地雷の危険について教えてきました。

案内の人がいいました。

「昔は事故で被害に遭っていました。いまでは危険を承知で、金属片を売ってお金にするために地雷や不発弾を探して命を落とすことも多いのです。それだけ貧困が深刻化しています」

カンボジアの孤児は55万人（05年）。その4人に1人はエイズで両親を失った孤児でした。20年前、孤児院は少なく、入れるのは孤児の1％だけでした。いまは孤児院の数も増えています。けれども、新しい問題が出ていました。

援助資金が不明になったり、貧しい家庭では、両親がいるのに子どもを孤児院に預けたり。ユニセフでは、政府が孤児院の管理を強め、質を高めるのを支援しながら、なるべくなら孤児院などの施設ではなく、里親のような、家庭で育てられるような支援をしていました。片親の子はその親と共に、両親のいない子は親戚がいればその家庭に、地域で縁がある家庭があればそこに。

首都プノンペンで里親になっている家庭に向かいました。

家は大通りから路地に入ったところにありました。一間に、夫婦と、生後2ヵ月のときから引き取って3歳になった男の子チェイちゃんの3人暮らしでした。チェイちゃんは、甘えっぽなしでした。

お母さんのナヴィさんはいいました。

「子どもがいなかったので、うれしかった。この子を愛しています」

私は尋ねました。

「ずっと、チェイちゃんをお育てになるんですか」

意外な返事でした。

「この子を育てるのによい条件であれば、その方にお渡ししないといけないと思っています。だって、私たちは貧しいし、子どもにとって、そのほうが幸せですから」


どんな緊急事態であっても、真っ先に必要とされるのは学校でした。子どもたちを保護し、紛争の心の傷をいやし、平常心を取り戻して、生活を安定させるのに役立つからでした。

カンボジアでもユニセフは学校を支援していました。〝子どもに優しい学校〟づくりを目指し、先生たちに教え方などを訓練していました。なにしろ、ほとんどの先生がポル・ポトに殺されたのですから。授業に子どもたちを参加させ、子どもたちにふさわしい言葉で話し、昔のように体罰をしない、などです。

子どもが使いやすいような水飲み場やトイレなどの設備を整え、女の子と男の子が平等に勉強できる環境をつくろうとしていました。

コンポン・トム州の農村部のプレイ・タップ村小学校で、私は1年生の教室に入って、男の子の隣に座りました。

算数の勉強でした。

男の子は小さな黒板に白墨で1を書くのだけれども、クメール語の1はぐにゃっとしているのでうまく書けません。

前の女の子が振り向いて、「下手ね。こうやって書くのよ」と教えていました。すごくしっかりした女の子で、そのおしゃまな感じがおかしくて、笑ってしまいました。

5年生の教室へいくと、急に子どもの数が少なくなりました。せっかく入学しても、卒業するのは1年生に入学した子どもの半数しかいません。

統計では5～14歳の子どもの3分の1は小学校をやめて働いているのです。

教室では黒板に張られた文章を、前に出た子どもが棒でなぞり、大きな声で読んでいました。

みんな一生懸命で、目に力がありました。確実に20年前より子どもは元気でした。

前に来たとき、一人だけ生き残った俳優さんで、文化大臣になっていた方と知り合いになりました。お逢いしたいと思いましたが、いまは、引退して遠くに住んでいるという話でした。

私に「あなたも俳優さんなんですね、私はたった一人、生き残った俳優です。一人では、芝居ができませんからね」と悲しげにおっしゃった表情が、忘れられません。

カンボジア王国　面積18万1000平方キロメートル（日本の約2分の1弱）。人口1470万人（2013年）。1953年、フランスから独立。75年、ポル・ポト政権樹立。70年代後半、この政権下において大量虐殺、飢餓、強制労働などで170万~200万人が死亡。79年、ポル・ポト政権崩壊。91年、パリ和平協定で内戦終結。97年に武力衝突。06年、ポル・ポト政権による大量虐殺の責任者を裁く特別法廷が始まり、11年に5人が起訴された。

第 13 章

ネパール 2009年

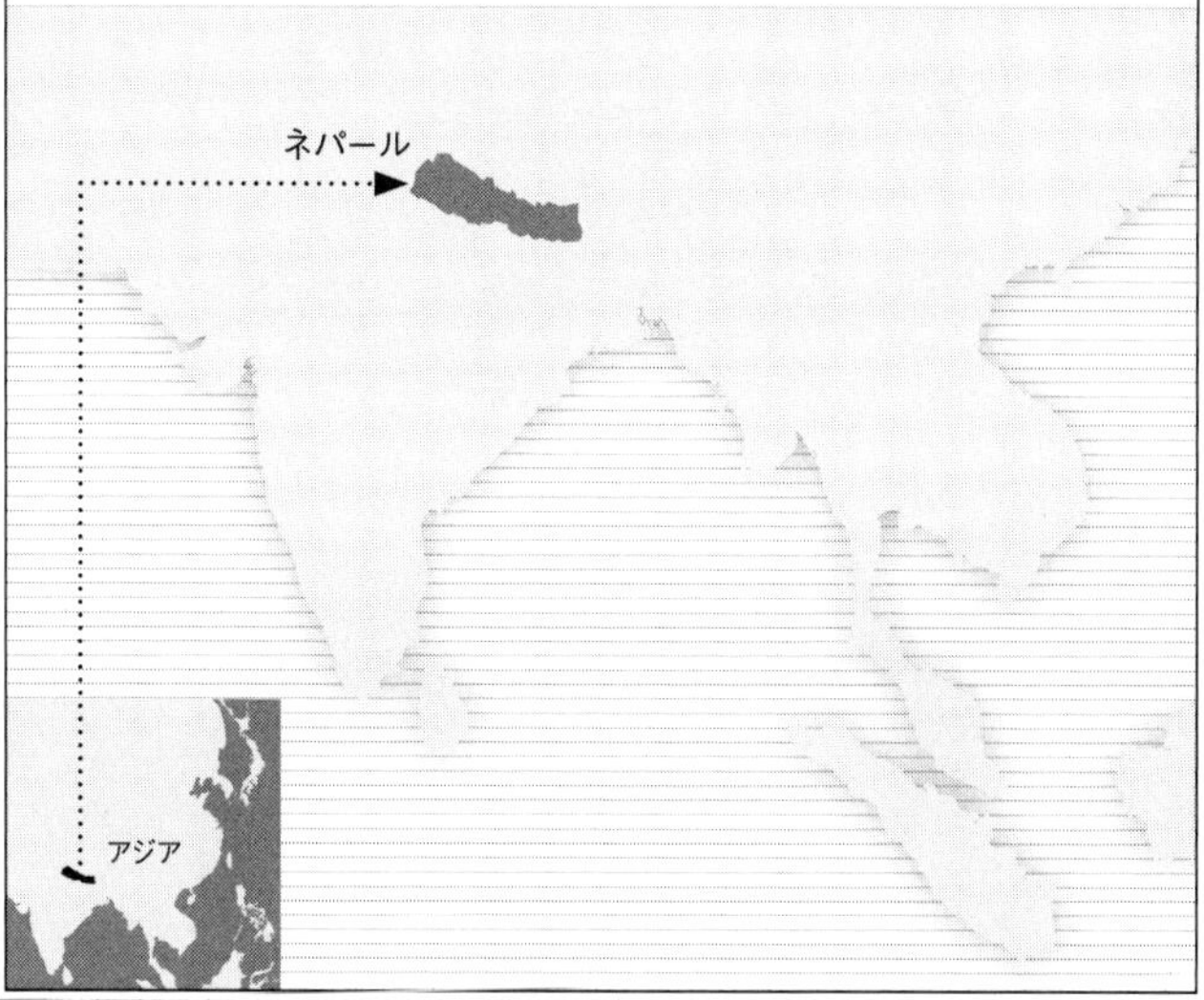

ネパール訪問

少女兵の涙

8000メートルを超す山々と澄んだ青空の国ネパール。そう期待していました。

首都カトマンズは違いました。車の排ガスと粉塵《ふんじん》で、先が見えないほどの汚れようでした。ゴミ収積場の人たちのストライキで、道はゴミが放置されたまま、ゴミが山となっていました。

ゴミの山には子どもたちが集まり、売れるものを探してゴミ拾いをしていました。わずかな収入を得るためです。

一日1ドル以下の生活をしている人は人口の3分の1。貧しい国であることを改めて思いました。

内戦が終わって3年、その内戦中、子どもたちは政府軍にもマオイストにも、さまざまに使われていました。少年兵、スパイ、荷物運びなどです。

ユニセフは、武装勢力にかかわりのあった子どもたちが解放され、地域社会に戻って生活できるよう支援していました。

中部の都市バラトプールの郊外、バンダラ村の中学校への支援もその一つでした。

1年生のスニータさん（仮名）は、17歳でした。アフリカなどで、男の子の少年兵にはたくさん会いましたが、女の子は珍しいです。

名前を隠すのは、多くの元少年兵が差別を受けるからです。戦争中に人を殺せば周りのおとなの兵士からほめられたのに、戦争が終わった途端に社会から「人殺し」扱いを受け、家族にすら受け入れてもらえない。敵側の遺族や兵士からの〝あだ討ち〟にあうこともあるのです。

ユニセフの職員が少女兵のころのことを初めて聞いたときには、何も話さず、心を閉ざしていました。

そのスニータさんが両手を胸にそろえ、「ナマステ（こんにちは）」といって、花をつんでつくった花輪を、私にかけてくれたのです。

スニータさんの〝私のことをわかってほしい〟という精いっぱいの気持ちが伝わってきました。

私はスニータさんの家にいきました。家は狭くて暗く、裏口のようなところで話を聞きました。

「自分から兵士になりました。家族に少しお金が入るからといわれました。でも、もらえませんでした。同じ少女兵の４人の女の子と逃げたけど、すぐ捕まりました。家に帰りたいと、いつも思っていました」

少女兵のときの写真を見せてくれました。迷彩服で銃を持ち、格好いい、まるで女性兵士のブロマイドのようでした。

「人を撃ったの？」

「撃たなかったです」

スニータさんは私の手を握っていました。つらいことがたくさんあって、けれども、口には出せないようでした。

長い時間が過ぎました。スニータさんは泣いていました。別れなければ。

私は「さよなら」といいました。スニータさんは私に頭を押し付け、離れようとしませんでした。

私は胸が痛くなりました。絶対に子どもを戦争に巻き込んではいけないって。

ネパールでは、５～14歳の男の子の36％、女の子の48％が働いています。

これまで訪問したアフリカの子どもたちも働いていました。多くは、家の水くみとか、弟妹の面倒をみることでした。

でも、ここでは雇われて働いていました。

西部の都市ポカラには、働いていて公立学校にいけない子どもたちのために、読み書き、計算を教えるコンタクトセンターがありました。地元の商工会議所の主導で運営し、その運営費をユニセフが支援しています。

子どもたちが病気やけがをしたら近くの病院から看護師が派遣され、薬を無料で処方します。縫製や刺繍などの職業訓練をし、少額ながら、子どもたちが貯金できるように貯金だけの銀行サービスもやっていました。

私たちが訪ねた日、20人ほどの子どもが算数を勉強していました。

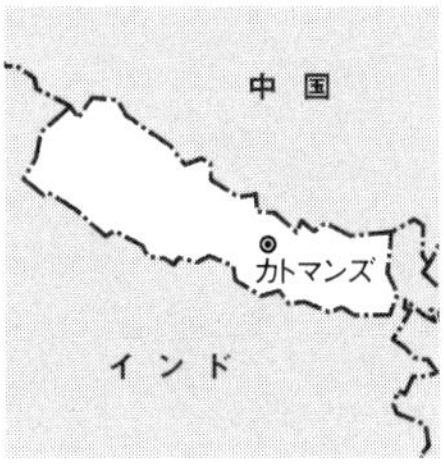

ネパール

ほとんどが女の子でした。多くは家事労働をするために雇われ、住み込みで働いています。勉強が終わると、急いで仕事に戻っていきました。

私は10歳ぐらいの小柄な女の子に声をかけました。シータさんで、実際は15歳でした。

「仕事はどんな?」

「近くの川の砂採集場で砂を運んでいます。5歳からずっと。お父さんも」

その採集場にいくと、川の中におとなは腰までつかって、数百人が砂の採集をやっていました。そして、運搬、ふるいかけなど、すべて人力です。

シータさんは、服のまま川に入り、小さいので、胸までつかって、頭から下げた大きなかごいっぱいに砂（重さ50～70キロ）を入れてもらい、運んで、また川に戻っていきました。1回運ぶと6ルピー（約7・5円）もらえます。

朝5時から勉強にいく時間まで15～20回運ぶといっていました。

「夢があるの」、とシータさんが私にいいました。

「ミシンのかけ方を習っているので、洋服屋さんになりたいんです」

「私の洋服つくってね。着てテレビに出るから」

「がんばります」

そういって笑顔を見せました。

つらい話が多いなか、救われる思いでした。

僕、幸せだよ

ネパールの5～9歳の子どもたちの就学率は、２００１年の81％から06／07年の89％に改善しました。

それでも、まだ小学校に通っていない子どもたちが25万人います。大半は女の子か、農村部の貧しい家庭の子どもたちです。差別的な身分制度の習慣も残っています。

入学しても留年や中途退学、とくに1年生の退学率が高いといいます。

私たちは、西部の都市ポカラから車で30分、山道を登った、農村部のシシュ・カルヤン小学校を訪ねました。

この小学校はもっとも低カーストのダリット（不可触民）の生徒がほとんどです。ダリットには触れてはいけないとされ、差別があります。

子どもたちは校庭に2列に並んで、一人ずつ私に花を渡してくれました。両手を胸に当て、「ナマステ（こんにちは）」といいながら。

低学年のちいちゃい子の番になったとき、ひざをついて花を受け取りました。

それを見た現地の案内の人が驚いていていいました。

「低カーストの子どもから、ひざをついて受け取るなんて。黒柳さん、普通、そういうことはありません」

もちろん、案内の人は、差別なしに子どもたちに接している人です。それでも、思わず、そんなふうにいってしまうのです。

低学年の教室では、歌やゲームを交えた授業をやっていて、どの子も生き生きとしていました。

先生はおっしゃいました。

「詰め込み式でなく、子どもの意欲を高めるように努力しています。とくに女の子には、自分を卑下《ひげ》しないで、自分の意見を言葉にしてきちんと相手に伝えることを大事にしています」

子どもたちは歌い、踊りました。その歌詞は小学校の歴史をうたっていました。

〝低カーストの人々が暮らす村の貧しい青空学校だった。木の下で学んだ。でも、熱心な先生、親や地域社会の協力で校舎ができて……すてきな学校になった〟

標高6993メートルの山マチャプチャレ（魚の尾の意味）が姿を見せていました。頂上を雲の上に突き出し、神々しい美しさでした。登ってはいけない聖なる山でした。

子どもたちの澄んだ歌声があたりいっぱいに響いていました。

暴力や脅迫、虐待に遭う。遭っても、泣き寝入り。多くの女性、子どもたちがそうでした。

いまネパールの女性たちは、女性連合を通して委員会をつくり、共同して問題を話し合い、解決しようと取り組み始めています。

ポカラの郊外、ディクルポカリ村の女性たちも自発的に委員会をつくっていました。

20代後半の、女優の真野響子さんに似た、きれいな女性が体験を話してくれました。

「夫が出稼ぎにいったあと、別の女性を連れて帰ってきました。離婚といわれ、子どもと家を追い出されそうになったけど、委員会に助けてもらいました」

村の委員会では、62件の夫の暴力の報告を受け、うち43件を解決。人身売買も警察に届けるなどして、数人の子どもを取り戻しました。

夫からＨＩＶ／エイズを感染させられた女性たちも力を合わせていました。

ネパールは、南アジアでもっともＨＩＶ／エイズ感染率の高い国です。おとなの２００人に１人が感染、その３分の１は女性でした。

ポカラから車で2時間半、農村部の支援センターを私たちは訪ねました。

ここでは感染者１００人以上がボランティアグループをつくって、同じ感染者を支援していました。９割が女性で、多くはお母さんでした。

ユニセフはセンターと協力し、グループを支援していました。

20～30代の３人の女性の話を聞きました。３人とも夫をエイズで亡くし、１人は子どもも死

盲学校の子どもたちと

んでいました。

「夫はインドに出稼ぎに行き、感染しました。帰って来た夫が病に倒れたとき、なんの病気かわかりませんでした。夫の死後、検査したらエイズで、自分も感染していることがわかったんです」

「支援センターにきて、仲間を得て勇気をもらいました。必要な薬も処方され、食料などの支援を受け、子どもも学校に通えています。怖くありません」

「みんなに会い、力を合わせてやっていけるので、よかったです」

同じ悩みを持つ女性が力を合わせることの大事さを強く思いました。


ネパールには、青少年向けの全国ラジオ番組があります。子どもたちの悩みや相談を取り上げたり、ドラマにしたり。週1回1時間、聴取者650万人の人気番組です。

この番組のファンクラブの一つが、ポカラのアマル・シン中学校併設の盲学校にありました。

ここで私も出演し、目の不自由な子どもたちの悩みをドラマにすることになったのでした。マイクを前に、「初めまして」といったあと、インタビュアーの生徒は黙っています。点字の台本があって、私は、「何か問題ありませんか」といわなければならなかったらしいのです。

すぐにわかったので、尋ねると、「はい、点字をつくる機械がほしい。教科書を早くつくることができるので」といいました。

収録のあと、みんなと一緒に歌もうたいました。私は8歳の、かわいい男の子ワグレくんとずっと手をつないでいました。

ワグレくんは、私の顔を見上げ、一生懸命、見えない目を私に向けて、「I am very happy」といいました。

子どもたちの半分近くが慢性的な栄養不良です。目の見える子どもでも、生きていくのはとても大変なのに。いま、自分は幸せだと、私にいってくれているのです。

胸がいっぱいになって、その子を抱きしめ、思わず涙をこぼしてしまいました。

ネパール連邦民主共和国　面積14万7000平方キロメートル（北海道の約1・8倍）。人口2649万人（2011年）。山岳地帯、丘陵地帯、タライ平原の3つに分かれ、東西約161キロの間に最高所のサガルマタ山（通称エベレスト、標高8848メートル）から最低所の標高70メートルが連なる。首都はカトマンズ。1990年の民主化運動を経て立憲君主制に。96年以降、マオイストが武装闘争を開始。２００６年、政権とマオイストの間に和平合意が成立。08年、連邦民主共和制への移行を宣言、約２４０年続いた王制を廃止。07年の一人あたりのＧＮＩ（国民総所得）は２９０米ドル（約3万５０００円）、南アジアでも所得水準が低い。

第14章

ハイチ
東北（日本）
2011年

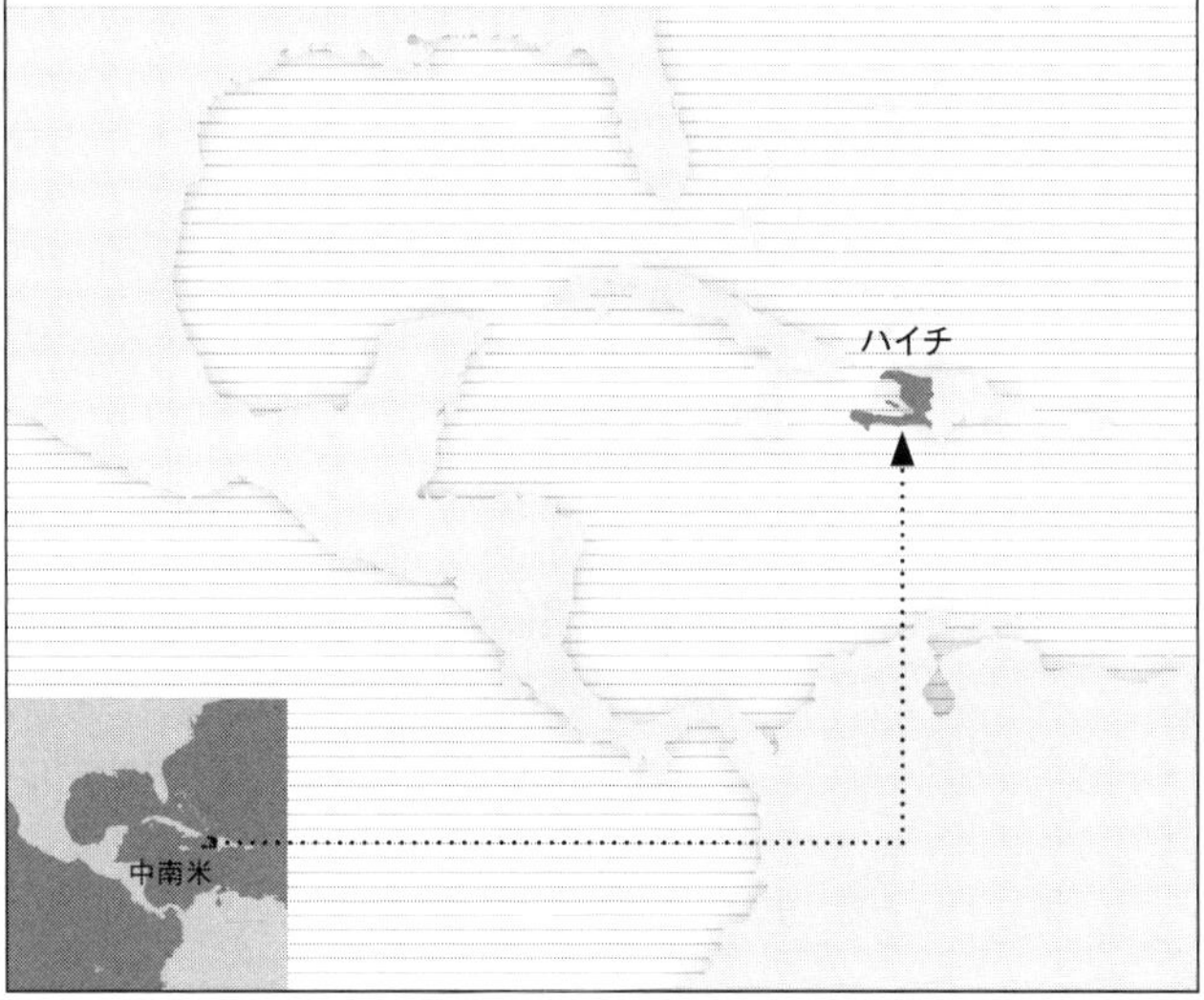

ハイチ　東北の子どもたち

地震でベッドから赤ちゃんが落ちた

２０１０年1月12日のハイチ地震を伝えるテレビの映像は、爆撃の跡のようでした。米国ホワイトハウスに似た丸く白い、ハイチ大統領府の建物は、天井が地面まで落ち、壁が折れ曲がり、崩れていました。

１９９５年10月に、ユニセフ親善大使としてハイチを訪ね、大統領にお会いした建物でした。

ハイチ政府は、被災者３７０万人と発表。国民の3分の1以上が被災者となったのでした。ハイチの人口の42％は18歳未満です。被災者のなかには子どもが大勢います。地震は、ハイチの子どもたちにとって、これまでにない緊急事態でした。

私は、すぐにハイチへ、とユニセフに相談しました。答えは〝無理〟。治安が悪化し、安全を確保できないというのです。さらに、ハリケーン、コレラの大流行です。医療は追いつかず、政情不安が続いていました。でも、私は、どうしても、この地震のあと、子どもたちがどうしているかを知りたいと思ったのです。

ようやくハイチ訪問の許可がおりて、さあ、と思っていた、その矢先の3月11日、東日本大震災発生と原発事故です。

私は、ハイチへいくべきか、悩みました。

ハイチは西半球のもっとも貧しい国です。国際貧困ラインの一日１・２５米ドル未満で暮らす人が55％です。

ハイチ地震発生６ヵ月後のユニセフ報告にこうありました。

〝３００万人以上の人々が地震の恐怖に苦しめられ、160万人が１３４２ヵ所の避難所で暮らしている〟

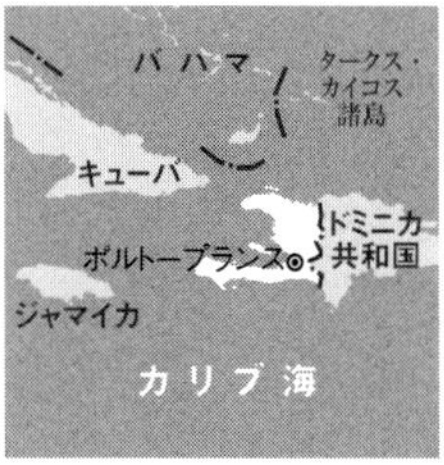

ハイチ

〝１５０万人の子どもが地震により影響を受け、うち50万人が特に弱い立場におかれている〟

子どもたちの力になれるのなら、私は、どんな遠いところでも飛んでいくつもりです。

４月上旬、私は、ハイチに向かいました。

震災から1年3ヵ月後の首都ポルトープランスは、建物が崩れたまま、がれきだらけでした。

大聖堂も崩れて、居合わせた地元の男性は、「ここで約120人が死亡した」と話しました。空き地という空き地にはテントが張られ、避難生活が続いています。ほとんど復興は進んでいませんでした。

私たちは、街の中心部から車で約1時間のところにある、避難所ジェリコ・キャンプに向かいました。

山あいの斜面に沿って、テントが並んでいました。約450人の被災者が生活しています。私たちは、キャンプ内の、ユニセフが支援する「子どもに優しいスペース」テントを訪ねました。

教育すれば助かる命もある、と母乳育児を指導し、栄養不良の子どもを治療する場所でした。

中に入ると、50人以上の子連れのお母さんたちが母乳育児を学んでいました。

ハイチでは、震災ストレスを受けた女性の母乳は赤ちゃんの健康に悪いといったうわさが広がっていました。そのため砂糖水だけを飲ませて、栄養不良にさせたり、死亡させたり、ということが起きていました。

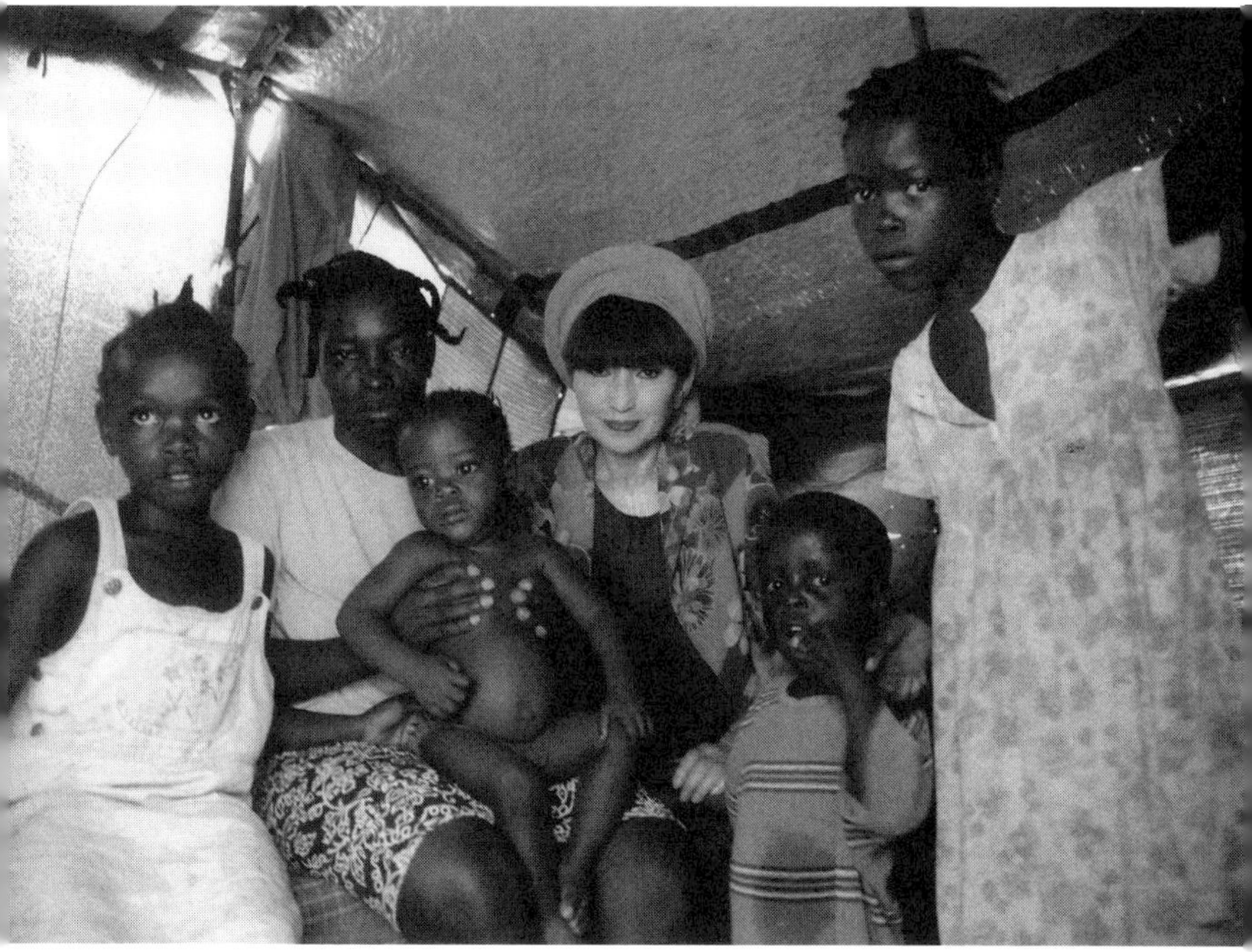

避難生活が続いていたユニセフの施設。お腹のふくれた子は栄養不良

指導の担当者はお母さんたちに説明していました。

「母乳が悪いなんて誤ったうわさです。母乳を与え続けてください。母乳育児は赤ちゃんの命を守ります」


テントの奥に、何人もの赤ちゃんたちが寝かされていました。私は、目が覚めた赤ちゃんを抱っこしたり、ひざの上にのせたりしていました。

そのなかに昨年の地震の日に生まれた赤ちゃんがいました。目の大きな、かわいい男の子。お母さんのアドリエンヌさん（28）に、地震の日の出産体験を聞きたいと声をかけたら、自分が暮らす被災者用テントに案内してくれました。

テント内は4畳半ほどで、ベッドが一つあるだけでした。あとは何もありません。ここで14歳、9歳、5歳、4歳、1歳の子どもと、アドリエンヌさんの6人で暮らしているといいました。

「地震が起きたときに生まれかかりました。すごい揺れで、生まれたこの子がベッドから落ちたのです。へその緒がついたままでした。すぐに抱きかかえて、必死に走って逃げました。一緒にいた子どもたちが、『地面が揺れているよ』って叫ぶし、建物はガラガラ崩れてきます。地震なんて初めてのことなので、どうしたらいいか、わからなくて。しばらく他人の家の軒下にしゃがんで暮らしていて、そのあと、このキャンプにきました」

テントの中は50度くらいの蒸し暑さでした。アドリエンヌさんと抱っこした赤ちゃんの額からは汗が流れていました。

「地震で夫と子ども1人を亡くしました。5人の子どもがいるのに収入はありません。現金収入を得るために商売を始めたいのですが、仕入れのためのお金がありません。本当につらいです」

人生終わりじゃない

首都ポルトープランスにハイチでもっとも大きな国立大学病院があります。

1995年、ユニセフ親善大使として訪ねたときには、大勢の患者であふれていました。小児病棟もいっぱいでした。

今回、地震から1年3ヵ月後、再び訪ねたハイチ国立大学病院は、建物のかなりの部分が崩れていました。とても診療をできる状況ではありません。

それでも、日本政府などの協力を得たユニセフの支援で、小児科・栄養安定化（栄養改善）

病棟の仮設テントを設置し、診療を始めていました。ベッドは10床。赤ちゃんたちが栄養不良の治療を受けていました。

ハイチでは、5歳未満の子ども約3人に1人が発育不良です。子どもの死亡率も高く、出生1000人のうち5歳になるまでに87人（2009年）が死んでいます。

地震発生、そこにハリケーン、コレラの大流行。コレラで5000人が亡くなっています。子どもたちは命の危険にさらされていました。

栄養事業コーディネーターのビアンフェさんはいいます。

「子どもの死因の多くは、下痢、肺炎、マラリアなど治療できる病気です。栄養不良は、そのいずれにも深く関係しています」

続けて、ユニセフ栄養担当のユスフさんもいいます。

「子どもの栄養は非常に重要です。私たちは、とくに小児科・栄養安定化病棟の再建に力を入れています。頑丈な建物を完成させるには、まだ時間が必要です」

崩れ落ちた鉄筋コンクリートの建物、がれきの山は、自然災害の、信じられないほどの恐ろしさを見せつけていました。

私たちは、全寮制のカルフール滞在型養護センターを訪ねました。建物は無事でした。

センターには、2～18歳の男子ばかり390人が家として暮らしています。孤児や貧しい家庭の子ども、元ストリートチルドレン、住み込みで家庭内労働を強いられた子どもたちでした。

神父様でもあるジェフ校長先生はおっしゃいました。

「できる限り、家族のもとに戻す努力をしています。その間、住む場所、温かい食事を提供し、教育、職業訓練をします」

私たちは、センター内に設けられたレコーディングスタジオに案内されました。スタジオは長期にわたって施設の収入に役立つように、とユニセフの支援でつくられました。

授業で日本に地震と津波が起こったことを知った、ヒップホップ・グループ「クール・ア・クール」（「ハートからハート」の意味）が、自分たちで作詞・作曲した歌をプレゼントしたい、というのです。歌詞は公用語のひとつであるフランス語と、クレオール語です。

メンバーは10人、2010年1月の地震などで親と別れてしまった子どもたちでした。全員がここに住んでいます。

子どもたちは歌い始めました。

〝くじけちゃだめ！　目に涙を浮かべ、助けを必要としている。その通りだ。でも、僕らはくじけない！　ハイチ、チリ、日本……〟

ヒップホップ調の、のりのいいコーラスです。私はリズムに体を動かし、手拍子をとりました。

〝僕らは打ちのめされている。その通りだ。でも人生終わりじゃない
人生終わりじゃない——ハイチと日本、世界中の自然災害で苦しむ人たちへの連帯と励ましでした。

聴いているうちに涙があふれてきました。

ユニセフのハイチ事務所代表のフランソワーズさんは、「この子たちは、地震・津波で家族や友人、家を失った日本の多くの子どものように、すべてを失うことがどんなことか知っています」。

歌の後、グループの一人ジュディくん（12）に、「地震は怖くなかったの？」と聞きました。

「ううん」と答えて、はにかみました。

私は小さい肩を抱きました。

ジュディくんは、お母さんが病気で死んで、お父さんもいない。6〜7歳から路上の暮らしで、ストリートチルドレンのときが一番つらかった、とも話してくれました。

「怖くなかったなんて、あなたは肝っ玉が太いのね」って、私はいったのだけれども、後で、

ほんとうは違う、と思いました。

一人で怖い思いをしていたストリートチルドレンのときと比べ、ここには先生がいるし、大勢の友だちがいます。だから、怖くなかった、と。

ジュディくんがとてもいとおしく思えました。

「希望を失わないで励まし合って生きて」

地震前、ハイチには2万2000の学校がありました。

被害を受けたのは4992校、うち3978校が全半壊でした。

被災地の学校の90％はなんらかの地震の影響を受けているのでした。

首都ポルトープランスにあるヌーベル・スルス（新たな泉）初等・中等学校もその一つでした。

鉄筋コンクリートの4階建ての校舎は、地震ですべて崩壊しました。

校舎内で補習授業を受けていた7～11歳の小学生17人、迎えにきていた親2人、教師2人、副校長、清掃員3人が亡くなりました。

私たちは、もっとも困っている子どもたちを見捨てない〝公平性アプローチ〟を掲げるユニセフが建て、授業を再開した新しい校舎を訪ねました。

校舎は7棟あり、小学生507人と、中学生614人が学んでいます。

小学校教師23人、中学校教師35人がいます。

出迎えてくださったジャニス校長先生がいいました。

「私たちが持っているものを、地震はすべて奪っていきました」

案内されて小さな集会所のような部屋に入ると、ステージには、「ようこそ黒柳徹子ユニセフ親善大使」の横断幕です。

子どもたちが次々と歌をうたって、歓迎してくれました。

最後は、「We Are The World」でした。〝命のために手を貸すときがきた……それは最大の贈り物〟と歌うアフリカの飢餓と貧困をなくすためにつくられた歌、マイケル・ジャクソンとライオネル・リッチーの作詞・作曲です。

私も一緒に歌いました。ときに高い声で、鳥のさえずりの、コロラトゥーラふうに、です。

子どもたちは大喜びでした。暗い話が多いなかの、子どもたちの明るく、すてきな笑顔でした。

10～11歳が中心の、6年生の教室に入って、私は、驚きました。

1年前、北海道札幌市の中学生からカードが送られていたことを知ったからでした。色画用紙に英語で44通も、です。

カードには、「ハイチのみなさんへ」とありました。私は、その一枚を読みました。英語でした。

「あなた方のことを考えています。希望をすてないで！」

日本の子どもたちが、ハイチの子どもたちを心配して、励ましのカードを送るなんて。とてもすごい、と思いました。

校長先生がいいました。

「カードが届いたのは、地震1ヵ月後の不安なときでした。子どもたちはとても喜び、勇気づけられました」カードは大切に、保管してありました。

今度は、日本で地震・津波で、苦しんでいる子どもたちのために6年生たちが色画用紙を使って返事を書くといっています。

カードに絵を描き、メッセージを添えます。絵は、太陽の中に人が手をつないでいたり、虹の七色を使ったり、ハートをいくつも並べたり。

女子生徒を代表して、ロダドリーさんが手紙を読み上げてくれました。

「落ち込まず立ち上がって、未来を見てほしい」

私は約束しました。

「自然災害の厳しい犠牲者であるハイチの子どもたちからのメッセージを、大地震で被災した日本の子どもたちに届けます」


6月中旬、私たちは、ハイチの子どもたちが書いた206枚のカードを持って、宮城県亘理《わたり》郡亘理町に向かいました。

阿武隈《あぶくま》川と海岸線に囲まれたこの町は、津波が押し寄せ、257人が亡くなり、いまも13人が行方不明のままです。

家屋の全壊と半壊、一部損壊を含めて、5673棟。1万1418世帯の3割以上です。

とくに被害が大きかった地域に荒浜地区があります。ほとんどの家が全壊か、半壊でした。

阿武隈川の河口近くの荒浜小学校は、高台にあり、それでも校舎の1階部分が水没しました。

いまは7キロ離れた高台の逢隈《おおくま》小学校の校舎に一時的に移転しています。逢隈小学校を訪ね、荒浜小学校の高橋壽子校長先生（当時）に話を伺いました。

「5人家族で1人残った子どもも、片親を亡くした子どももいます。親戚の家に身を寄せる子

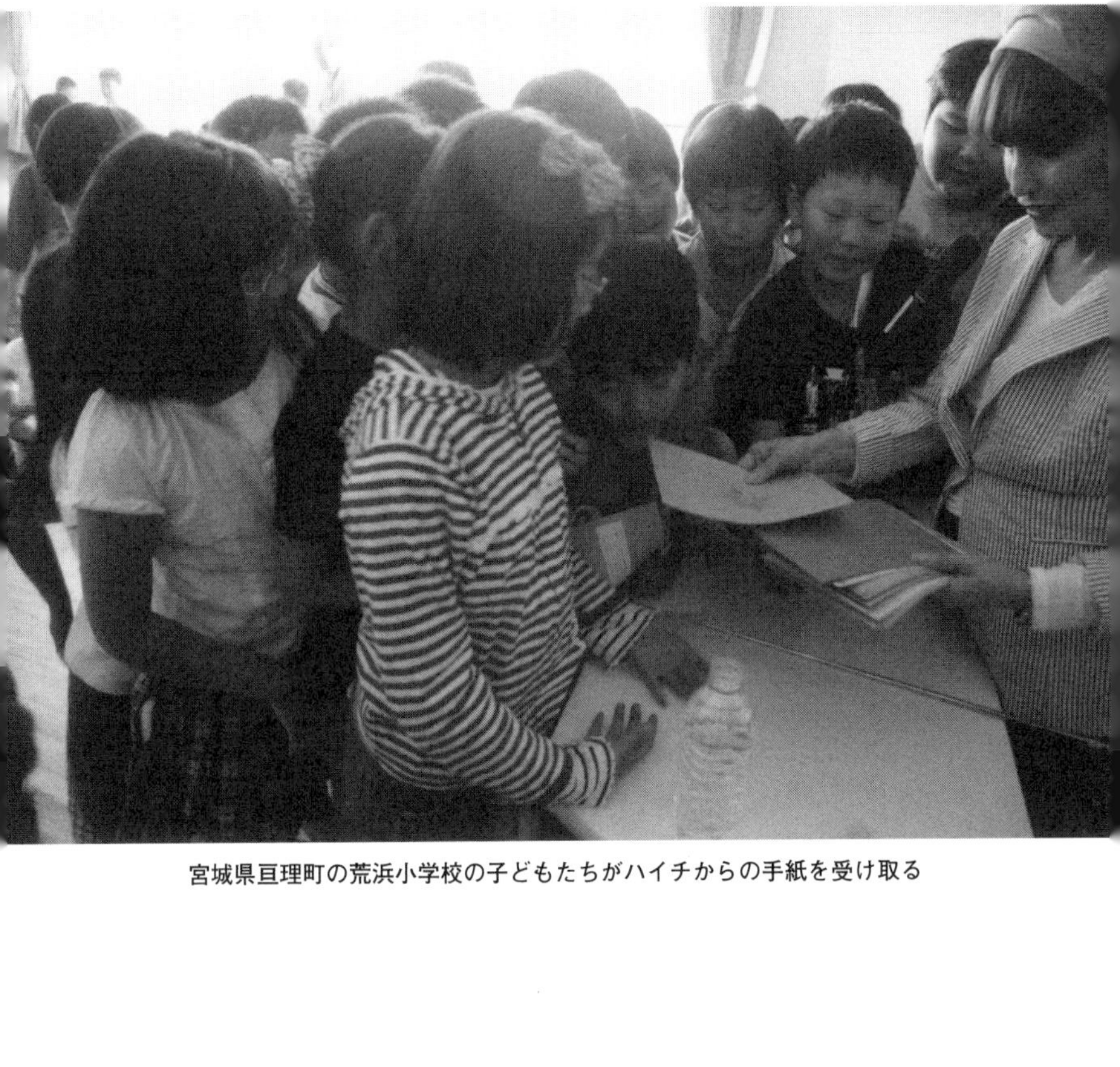

宮城県亘理町の荒浜小学校の子どもたちがハイチからの手紙を受け取る

どももいます。教職員は、子どもたちのつらく悲しい気持ちに寄り添っていかなければならないと話し合っています。海岸地区の子どもたちは表面上、元気に見えるけれども、器用に言葉で自分の気持ちを伝えられないでいます。学校が子どもたちの大切な居場所になっています」

視聴覚教室に160人以上の子どもたちと教職員が集まりました。

私は、西半球のハイチを地図で示しながら、ここでも2010年1月に大地震が起きて、子どもたちが被害を受けたことを説明しました。

そのとき、日本の子どもたちから励まされたこと、日本の大地震と津波を知って、今度は、日本の子どもたちを励ましたい、とカードを書いたこと、などでした。

そのカードを読みあげました。フランス語で書いてあるのをユニセフで翻訳してありました。

「苦しんでいても、気を落とさないでください。私たちもみなさんと同じ状況にいます」

私は、子どもたちに一枚一枚、渡しました。

私は子どもたちに質問しました。

「大きくなったら、何になりたい?」

元気な返事が返ってきました。

「農家の人になりたいです」

「野球選手です」

そして、男の子は「海のことを勉強したいです」。

私は心から願いました。ハイチの子どもたちも、日本の子どもたちも、希望を失わないで。

みんなで励まし合って生きてほしい、って。

ハイチ共和国　面積2万7750平方キロメートル（四国の約1・5倍）。人口1015万人（2015年）。公用語はフランス語とクレオール語。2013年の1人あたりGNI（国民総所得）810米ドル。スペイン、フランスの支配後、1804年、世界最初の黒人国家として独立した。長く独裁政治が続いたが、1990年、初めての民主的な選挙でアリスティッド大統領が選出された。しかし、軍事クーデターにより、大統領は国外に。国際社会は経済制裁を実施したが、もっとも苦しんだのは貧しい国民だった。2004年、治安情勢安定のため国連ハイチ安定化ミッションが展開。10年1月12日午後4時53分（現地時間）、首都ポルトープランス郊外約15キロでマグニチュード7・0の地震発生。

第15章

南スーダン 2013年

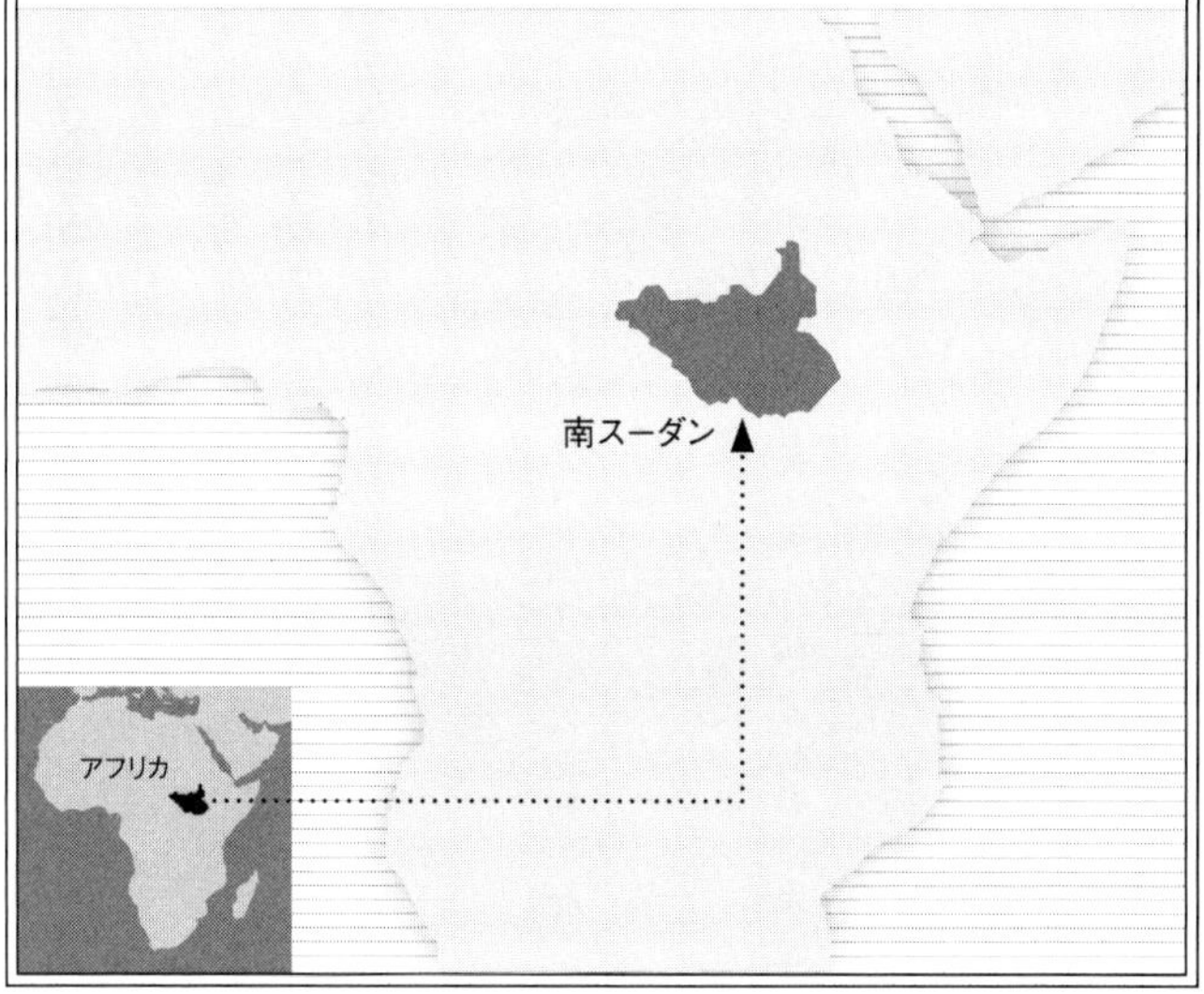

内戦の〝道具〟にされた子どもたち　南スーダン報告

「『トットちゃんセンター』が僕の命を助けた」

1993年、私はユニセフ親善大使として、スーダンを訪問しました。

小型飛行機で南部スーダンのナーシルの原っぱに着くと、2000人を超える人たちが迎えてくれました。おとなたちは踊り、子どもたちは、一生懸命、手をたたいて。

その洋服はボロボロ、裸の子もいっぱい、みんなやせて、はだしでした。

そのとき両手に紙をかかげている子どもたちがいました。書いてあったのは、「いちばんほしいのは、平和」。それから、「小学校をつくって」「いい先生を！」。これだけでした。たべものだってほしいにきまっています。でも教育が大切なことを知っているのです。

歓迎のために集まってくれた人のほとんどは内戦で家を失い、家族を亡くしていたのでした。

今回、29ヵ国目の訪問先が南スーダンに決まり、真っ先に浮かんできたこと。

よく活用されていた「トットちゃんセンター」

それは、当時、私が会った、人懐こい子どもたちです。いまどうしているのかなって。

独立前の南部スーダンは戦闘が激しく繰り返されたところでした。

独立後の治安状況は、比較的よく保たれ、落ち着きを取り戻しつつあります。それでも家畜の略奪や子どもの誘拐などが起こっています。

今回、南スーダンの首都ジュバで、どうしても訪ねたい場所がありました。「トットちゃんセンター」です。

私が呼びかけ、日本のみなさまの寄付金で、96年に建設された子どものためのトラウマ・ケア（戦争や暴行、レイプなど耐えがたい出来事で負った心の傷を治す）施設です。

内戦中も子どもたちへの支援を続けていました。当時の状況をトットちゃんセンターの初代所長だったジム・ロングさんが話してくださいました。

「スーダン政府からも、反政府武装勢力からもいやがらせを受け、脅されて、私たちスタッフも命の危険にさらされていました。17年間で支援した子どもは2500人です。それぞれが自分の故郷に帰り、自分の人生を見つけています」

97年に6ヵ月間、トットちゃんセンターで命を助けられたクリストファー・オチャンさん（28）に会いました。

「ウガンダで『神の抵抗軍』に誘拐されました。11歳のときでした。なぐられたり縛られたり。銃で人を撃て、と。2回逃げ、捕まりました。3回目で成功しました」

オチャンさんは続けました。

「このジュバまで逃げて来ました。そのとき見たポスターに『困ったときはトットちゃんセンター』とあったので、ここへきました。ジムおじさん（初代のジム・ロング所長）が、『君のような言葉で話す子、何人いるの？』と聞くので、『16人』と答えたら、『みんなを探しにいこう』と。車で一人ひとり連れてきました。神の抵抗軍の兵士が僕たちを捕まえようと、銃を持って庭まできたのだけど、ジムおじさんが屋根裏に隠してくれました。トットちゃんセンターがなければ自分の人生も命もありませんでした」

オチャンさんは故郷のウガンダに帰り、大学でITを勉強して卒業、再びジュバに戻って、いまは警備会社の警備員として働いています。

日本のみなさまに頂いた募金に感謝しています。

「こんなに幸せなことはない」

南部スーダンが独立し、南スーダンとなったのは2011年7月です。

独立を知って、北部のスーダンの首都ハルツームから、〝帰還民〟が南スーダンの首都ジュバに集まっていました。ナイル川を平底の荷船に乗って、約2週間かけて。ここに6〜8ヵ月間、滞在し、それぞれの故郷に帰ります。

その数、推定12万5000人。

私たちは、ジュバにある帰還民のための一時収容施設「ウェイ・ステーション」を訪ねました。

南スーダン

ここには帰還民429人、うち子ども200人が滞在していました。

ユニセフは「子どもに優しいスペース」を確保し、英語学習を支援し、安全な水の提供と予防接種を実施していました。

気温は46度、暑いなかでベンチに座り、2歳の子を抱っこしている女性バキットさん(40)と話しました。

「ハルツームで助産師として20年働きました。両親も夫も亡くなりました。夫はタクシー運転手で、交通事故死です。それで出身地のヤンビオに帰ろう、と。9人の子どもを連れ、ハルツームの船着き場にきました。船に乗れるまで2年間待ちました。ここでは3ヵ月ぐらい待っています。待っている間は、道端で物を売ったり、縫い物をしたりして、子どもたちを養いました。平和になり、襲われる心配もないのでいいですよ」

私はバキットさんにいいました。

「そのヤンビオに、私、飛行機ですけれど、明日いくんですよ。一足先にいってごめんなさい」

バキットさんは、「そう。それじゃあ、この一番小さい抱っこしている子を、あなたにあげるから連れていってくださいな」と笑いました。

20年以上も内戦が続き、厳しい状況のなかにいるのに、〝この子をあげる〟なんて冗談がい

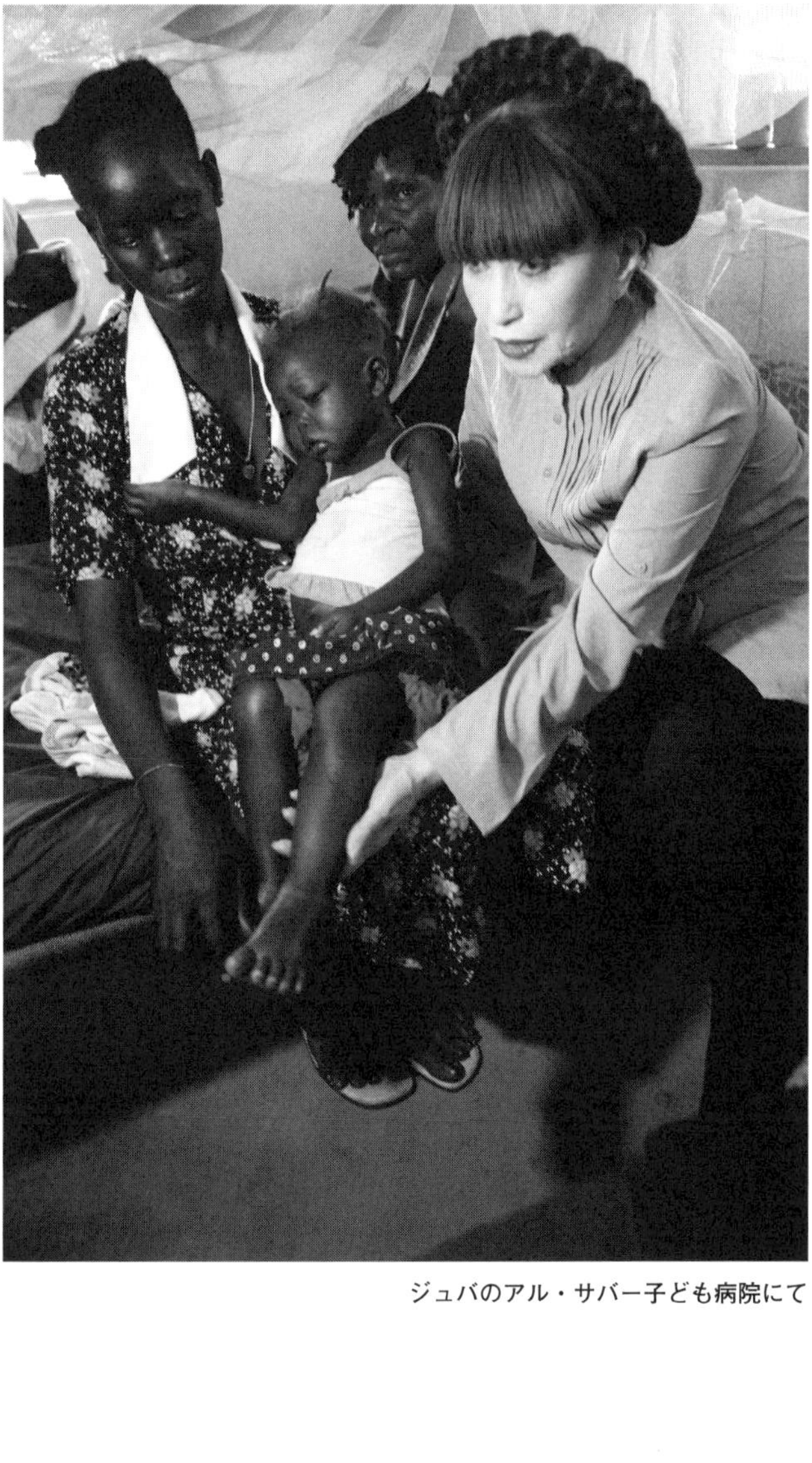

ジュバのアル・サバー子ども病院にて

える、その明るさに、私は、ほっとしました。

首都ジュバから飛行機で約1時間、私たちは南部の西エクアトリア州都ヤンビオに向かいました。

トットちゃんセンターの成功例を受け、09年、ここにも子どもトランジットセンター（一時的に預かるところ）ができていたからでした。

武装勢力「神の抵抗軍」から逃げた子どもと女性、およそ５００人を助け、カウンセリング支援をしてきました。

センターは、食事つきの宿泊施設で、台所、男子と女子の寄宿舎、小さなホールがありました。

いまは女の子４人、男の子２人がいて、年齢は14〜17歳、ほとんどが神の抵抗軍で３〜５年を過ごしていました。

案内のソーシャルワーカーのベロニカ・アンニさんがいいました。

「新しく到着した子どもたちは極度の恐怖とトラウマ（心的外傷）のため、見ず知らずの人に話をすることができません。けれども、過去、センターに滞在し、家族と再会した子どもたちのインタビューはできます」

私たちは、過去にセンターに滞在し、いま家族と一緒に住んでいるディナ・アニーサさん（22）の自宅を訪ねました。

ディナさんは、12歳のときに神の抵抗軍に誘拐されました。19歳まで7年間、連れ回され、子ども2人を産まされていました。

ディナさんは話し始めました。

「私たち女の子6人で歩いているところを誘拐されました。山に連れていかれ、目の前で4人が殺されました」

表情を全く変えないで話すので、かえってつらそうでした。

神の抵抗軍は、子どもの体が弱り、連れていくのがじゃまになると、殺してしまうのでした。

ひどく深刻な話が続きました。

救いだったのはディナさんの隣に座っていたお母さんナジェントさん（40）の言葉でした。

「娘が誘拐されて、死んだとばかり思って、ずっと泣いていました。その娘が帰ってきて、かわいい孫2人も連れてきたのだから、もうこんなに幸せなことはありません。ハッピー、ハッピーです。孫は育てます」

ディナさんも、ちょっとにっこりしました。

「ええ、私もうれしいです。私の子ですから、しっかり育てたいと思います」

教室の壁もない

南スーダンでは、教育の遅れが大きな課題になっていました。

小学校を卒業する子どもの割合は10％以下。中学卒業の割合となると、わずか1％です。6～17歳のうち一度も学校へ通ったことがないのは70％。ほとんど農村地域の子どもです。国全体で読み書きできるのは27％でした。

私たちは、ヤンビオから車で約1時間20分、農村地域ヌザラ郡のザレダ小学校を訪ねることにしました。

地元の人たちが学校の経費を出し合い、2010年に開校した私立小学校です。生徒数は373人、教師9人です。

案内しながらナリアーゲ校長先生は説明してくださいました。

「多くの子どもたちは、武装勢力『神の抵抗軍』に村々を襲われ、家を破壊され、両親を失っています。里親に養われているか、親戚に身を寄せています。ここでは、子どもたちのトラウマに対するカウンセリング、HIV／エイズの感染予防のための勉強もしています」

教室は3つ、草で覆った屋根があるだけ、壁はありません。雨がやっとしのげる程度でした。

それでも、5～6歳児の教室では子どもたちが座り、公用語の英語のABCを習っていました。

子どもたちがパッと立ったとき、びっくりしました。足元に10センチ四方ぐらいの丸い石が見えました。座っていたのは、この石だったのです。

教室には、黒板も、机も、いすも、教科書も、ありません。

西エクアトリア州のマイケル教育大臣にお会いしたときの話を思い出しました。

「85％の学校は木の下で授業をしています。雨が降ると授業をしないことが多い。学校施設が不足しています」

西エクアトリア州でもっとも大きいヤンビオ病院に向かいました。

内戦中は「神の抵抗軍」の拠点になり、診療体制の整備が遅れていました。

いまは、外科医1人、内科医4人、麻酔士1人、助産師数人で、診療を始めています。

州の人口は140万人です。その医療体制がこれだけ、でした。

モハメッド病院長は私に訴えました。

「特に医者が不足しています」

南スーダンの妊産婦死亡率は世界で1位です。出生10万人あたり2054人。一日平均16人も死んでいるのです。

西エクアトリア州の妊産婦死亡率はさらに高く、2300人です。対して日本は6人。

産婦人科病棟に入院中のローダさん(30)に話を聞くことができました。

「難産で、初めて帝王切開で産みました」

この30年、アフリカで初めて実例を聞いた帝王切開でした。

生まれて3日目というその赤ちゃんを、私は抱っこしました。

「かわいい3日目ちゃん、平和なときに生まれてよかったね。いい世界になることを祈っています」

3日目ちゃんが笑ったように見えました。

病院長は自信を持っていいました。

「妊産婦さんは、予防または治療可能な病気で命を落としていました。これからは違います。命を失うようなことはさせません」

南スーダンの5歳未満児の3分の1が発育阻害で、4分の1は低体重です。5歳の誕生日を迎えることのできない子どもは9人に1人もいます。

それも肺炎、下痢、マラリアなど予防可能な病気で死亡しています。

いまも安全な水を十分に手に入れられないため、5歳未満児の30%が下痢を発症しています。

私たちは首都ジュバのアル・サバー子ども病院を訪ねました。人口約1100万人の南スーダンで、唯一の子ども専門病院です。

ベッド数は100ほど、ベッド占有率は300%にもなっていました。

ここへ連れてくれば助けてもらえる、と50キロ以上を歩いてくる母親にも会いました。

小児科医2人、内科医4人が働いていました。

ニュングラ病院長は話します。

「訓練を受けた医師、看護師、栄養士が圧倒的に足りません」

入院病棟を見学しました。やせた子どもたちでいっぱいでした。

栄養不良で入院しているネピアちゃんは2歳でした。体は小さく、体重は4・4キロしかありません。日本の女児平均の半分以下でした。

私は思いました。
20年以上続いた内戦は、妊産婦と乳幼児にとって世界でもっとも危険な国にしてしまった。
いったん戦争になったら何もかも破壊されてしまう。子どもたちは親と引き離され、親を失うことだって。

神の抵抗軍
ウガンダ北部の反政府武装勢力。大規模な破壊活動で学校や病院などの機能が失われた。子どもを拉致し、拷問を加え、戦争の道具に。女の子は性的奴隷として扱われる。家族の殺害を含む残虐行為を強制され、心に傷を負う。２００５年以降はコンゴ民主共和国や中央アフリカ共和国、南スーダンで残虐行為を繰り返している。ユニセフの報告では、犠牲になった子どもは２万５０００人以上。

南スーダン共和国　面積64万平方キロメートル（日本の約１・

7倍)。人口1130万人(2013年)。首都はジュバ。スーダンでは第1次、第2次と南北間の内戦が続いた。05年1月の南北包括和平合意による住民投票の結果、分離独立支持が98・83%になり、11年7月に南部が「南スーダン共和国」としてアフリカで54番めの独立国に。独立後も国境紛争やクーデター未遂事件が続き、政情は不安定。一日1ドル以下の貧困ラインで生活している人は50・6%。5歳未満児の死亡率は出生1000人あたり121人(2011年)。

第16章

フィリピン
2014年

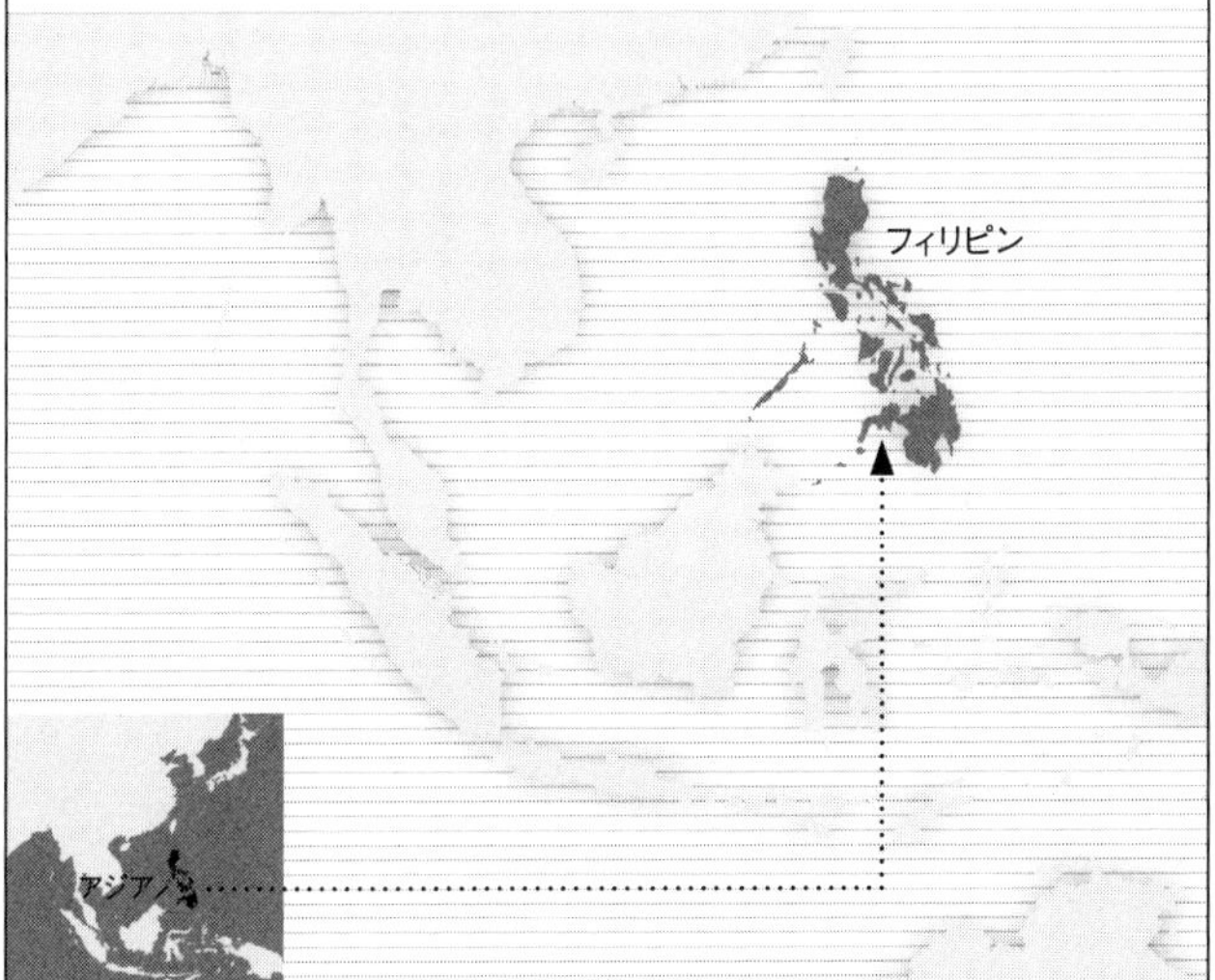

フィリピン訪問

ミンダナオ島コタバト市

２０１３年11月８日午前４時40分（現地時間）、フィリピンを台風30号「ヨランダ」（現地名）が襲いました。

〝過去に例をみないほどの猛烈さ〟という日本の気象庁の発表でした。

上陸地点での勢力は、中心気圧８９５ヘクトパスカル。最大風速65メートル毎秒。その最大瞬間風速はなんと90メートル毎秒でした。

テレビの映像は衝撃的でした。なにもかもが流され、がれきの中でぼうぜんと立ち尽くす子どもたちの姿でした。

この子たちの元へいかなければ。ユニセフ親善大使として30年目の訪問は、アジアのここ、フィリピンにしよう。

訪問が実現したのは、台風被害から7ヵ月後の２０１４年6月中旬でした。ようやくでした。

最初に私たちが向かったのは、台風30号の被害とは別の、フィリピンでもっとも貧しい南部のイスラム教徒ミンダナオ自治区の中心地コタバト市でした。

武力紛争が40年以上も続き、６万人以上が命を失っている地域でした。２０１２年に停戦合意が成立したとはいえ、まだまだ危険な状況が続いていました。

防災と平和

コタバト市は人口約15万人。大きな川沿いにあり、たびたび洪水に遭っていました。11年、12年には、台風の被害です。

そこに紛争再発です。

14年１～３月の間だけでも、学校への襲撃が10件あり、これまで臨時休校は３０００校以上にもなっていました。

コタバト市教育省のジョニー・バラワグさんはおっしゃいました。

「災害や紛争などの緊急事態が起こったとき、最初に守るべきものは子どもたちです」

私たちは、ユニセフ支援のもとで防災・平和教育に取り組んでいる小学校を訪ねました。

教室では子どもたちが緊急時の避難計画や避難場所の確認を地図を使ってしていました。

9~14歳の子ども10人に集まってもらい、話を聞きました。

洪水で被害を受けたときの気持ちは、と尋ねたときでした。

小さい女の子がいいました。

「私、死んでいる人が流れていくのを見ました」

ミンダナオ紛争での体験談は子どもたちに聞かないで、と現地のユニセフ担当者からいわれていたのですが、女の子は自分から話しました。

そうした悲しい経験をした子どもたちが信じられないほど大勢いると思うと、ほんとうに胸が痛くなりました。

神様も一つ

小学校がある村の通りの家は、ほとんどが粗末なつくりで、入り口が狭く、中は真っ暗でした。

平和は一つ！

私は、子どもたちに声をかけました。手をつないで、その通りを歩こうって。

ところが、子どもたちは警戒してか、なかなか通りに出ようとはしません。

それでも集まって、10メートルほどを歩くことにしました。

その10メートルに6人もの銃を持った警察特殊部隊員がつきました。

「どうしてここまでするのですか」

「危ないんですよ。家の中から何が出てくるかわかりませんから」

おかしかったのは、突然、手をつないだ子どもたちがすごい勢いで笑い始めたことでした。

なんでしょうね。

やっと子どもらしさを見た思いでした。

いいこと、もう一つ、ありました。

小学校で写真を撮ったとき、子どもたちが指を1本出すことです。

女性の校長先生のメルギー・ベネディクトさんの説明です。

「子どもたちには平和のサインは指2本のビクトリー（勝利）のサインでなく、指1本であることを教えているんです。平和は一つじゃなくてはだめなんです。世界も一つ、人類も一つ、キリスト教であろうとイスラム教であろうと。全部一つだから指を1本出すのです」

レイテ島タクロバン市

13年11月8日、台風30号「ヨランダ」(現地名) はフィリピン中部の東ビサヤ地域のサマール島に上陸し、横断しました。

死者6300人。被災者は1400万人で、うち590万人が子どもたちです。住む家を失った人は400万人。

猛烈な台風の、すさまじい被害でした。

テレビで見た、泥とがれきのなかでぼうぜんとしていた、あの少年はいまどうしているのでしょう。

私たちは、東ビサヤ地域の中心都市、壊滅的な被害を受けたレイテ島タクロバン市 (人口22万人) に向かいました。

海沿いには大型船が5隻ほど陸に打ち上げられたまま。その押し流された跡には建物が根こそぎ倒されていました。

東日本大震災でも津波で陸に打ち上げられた何隻もの船がありました。同じ光景でした。

高さ6～7メートルの高潮は海沿いの村を跡形もなく、家も学校も水も衛生施設（トイレ）も、すべてを破壊しました。

ユニセフは、被災直後から100万人以上に水を提供し、栄養不良児には栄養治療食で栄養障害を防ぎ、1351の仮設教室を開いて、1万961の学校に共同トイレを設置してきました。

お会いしたユニセフ・タクロバン事務所のワルファ代表は強調していました。

「まだまだ緊急の支援が必要です。被災者の心理的な支え、安全な水の供給と衛生施設の設置、学校の再開などです。子どもたちの多くは、目に見えないストレスを抱えています。雨や風に対し、異常な恐怖や不安をもち、夜泣きなどの行動障害も目立ちます」

覆う悲しみ

子どもたちが集まり、安心して安全に遊べる施設〝子どもにやさしい空間〟を訪ねました。

災害で両親や兄弟を失うとか、生活環境の急激な変化から子どもたちが立ち直っていく場所、人身売買や搾取、虐待の脅威から子どもを守る場所にもなっています。

89ヵ所が開設され、約1万7000人の子どもが利用しています。

〝子どもにやさしい空間〟にいる子どもたちに話を聞きました。

ガランザさん（12）は、「ヨランダでいとこを亡くしました」と。エングラシアルさん（17）は、「経済的に困難で学校にいっていません」って。

どの子からもわずかな言葉しか返ってきませんでした。

94年に訪問したアフリカのルワンダを思い出しました。虐殺を目にした子どもたちは心が傷つき、笑わないし、しゃべることも少なかった……。

移動の途中、教会の墓地のお墓の前で縦笛を吹いている青年に会いました。

ロマガサさん（19）です。小柄で12～13歳にしか見えません。

「ヨランダで母と弟が死んで、ここに埋められています。一日2回、夜中と午後に、ここに来て、2人のために吹いています」

あまりにも打ちひしがれた感じで、質問ができませんでした。

すべてが悲しみに覆われていると思いました。

生きている

テントでつくった〝母親交流・育児支援施設〟では、妊娠・子育て中のお母さんたちが栄養について学んでいました。

被災地の5歳未満児、妊婦・授乳中の女性は栄養不良になる危険があるからです。

ここでは多くのお母さんたちが大切な人を亡くしています。精神的なショックから回復するための支援もしています。

1歳4ヵ月の子の母親カパダさん(28)が、いいました。

「友だちも増えて、以前のように精神的不安定になることも少なくなりました」

2歳の子の母親で妊娠7ヵ月のイドさん(22)も、「ほかのお母さんたちとさまざまな活動に参加できて楽しい」。

ユニセフの支援でとくに人気があったのは貧困家庭への現金支給プログラムでした。約1万世帯に毎月100米ドル(約1万円)、6ヵ月間、無償で支給するというものです。

お金があれば、緊急の際に食料や生活必需品が買えるし、医療も受けられます。

4人の子の母親、妊娠8ヵ月のオルティロさん(26)は、

「現金支給で夫はペダル付き三輪車を買い、タクシーとしてお金を稼げるようになりました。

とてもうれしいです」。

高潮でなにもかも流された海沿い地域も、いまは簡単に修理した家が並んでいました。そこは政府が〝住宅再建不許可地域〟と決めたところです。

それでも住むのは、貧しく、そこしかいくところがないからでした。トイレが、岸から5メートルくらい先の海の上にありました。すごく細い木の板で、私なら、歩いていけない、と思いました。

カジェダさん（55）は、9人の子の母親で、〝肝っ玉母さん〟みたいな人でした。

家を見せてもらうと、4畳半ぐらいの部屋が一つ。長女夫婦とその子ども、次女夫婦の6人がぎゅうぎゅう詰めで生活しているといいます。

「たいへんですね」

「大丈夫よ。ヨランダでも死なないで、こうして生きてるんだから」

明るい声でした。

看板の文字にありました。

〝屋根がなくても家を失っても希望は失わない。がんばろう〟（Roofless, Homeless but no hopeless）

これだと思いました。

これまで、人災の被害を多く見て来ました。でも、インドネシアでも、そうでしたが、このフィリピンも、自然の災害です。自然の恐ろしさは、想像をこえています。一日も早く復興してほしい、そう思いながら、私は海を見ました。戦争中、多くの戦死者を出したレイテ。私は白い花を海に流して、祈りました。子どもたちの復興もですが、亡くなった子どもと、戦争中の日本の兵隊さんの霊をなぐさめるためでした。

フィリピン共和国　面積29万9404平方キロメートル（日本の約8割）、7109の島々がある。人口9234万人（2010年フィリピン国勢調査）。首都はマニラ（首都圏人口1186万人）。12年、経済成長は順調（13年7・16％）であるが、貧困率は高い。12年、貧困ライン（5人家族の収入が1ヵ月約1万5000円以下）は、国全体19・7％、今回訪問のイスラム教徒ミンダナオ自治区（コタバト市が中心）48・7％、東ビサヤ地域（タクロバン市を含む）37・4％。世界でもっとも自然災害を受ける国の一つで台風は年間20個近く発生する。

追記　私たちの訪問のあと、また、同じくらいの高波がフィリピンを襲いました。

私たちが逢ったお母さんや、たくさんの海辺の子どもたちは大丈夫だったのでしょうか。

自然の前に私たちは、全く無力なのですから。でもきっと、あのお母さんは、

「また、がんばりますよ！　心配しないで！」といっているかもしれませんね。

黒柳徹子さんと世界の子どもたちを訪ねて30年

写真家　田沼武能

私と黒柳徹子さんとは、彼女がテレビ女優第一号としてデビューした時に取材して以来の友人で、かれこれ60年ほどの付き合いになります。私は１９６６年、世界の子どもたちを撮ることをライフワークに決めて撮影を続けており、79年には『世界の子どもたちはいま』写真展を開催していました。そして数年後、黒柳さんがユニセフ親善大使に任命された新聞記事を私が読んだのはオランダ航空機の機上でした。東京に到着してすぐ「親善訪問に同行したい」と黒柳さんに申し出たことがすべてのはじまりだったのです。

慣れない環境に飛び込むわけですから、さまざまな苦労があったと思います。就任当初の彼女は現地の食べ物を手にすると、離れた場所にいる私に目配せで「食べていい？」と聞いてきたものです。すると私は両手で大きく丸を作り「大丈夫」とサインを送るのが常でした。それが今では私が彼女に「食べても平気よ」と逆に教えられています。

世界中に黒柳さんのような著名人のユニセフ親善大使はたくさんいますが、就任後、ほぼ毎年、現地に足を運ぶ人は多くはありません。言葉の通じない子どもたちを抱きしめるスキン

南スーダン　2013年

シップで心を開かせる寛容さは見事としかいいようがありません。また、彼女のすごいところは、子どもだけでなく、その国の大統領や首相とも物怖じせずに相手を尊重しながら対等に対応できるところです。各国のトップとのつながりができれば当然支援もうまくいきます。これはユニセフの活動自体をスムーズにする賞賛に値する活動です。まさに黒柳さんだからこその貢献だと思います。実質面でも就任後の寄付総額は54億円を超えています。

彼女の真摯な活動にいたく感銘を受けた私も30年間休むことなく同行撮影しています。彼女は「１００歳まで続けたい」といいますが、私も体力と事情が許す限り世界中の子どもたちの幸せを願いながら、今後も同行できることを願ってやみません。

ユニセフ親善大使・黒柳徹子さん 30年を支えた言葉

元ユニセフ広報官　澤《さわ》 良世《ながよ》

私は1985年から20年間、黒柳徹子さんのユニセフ親善大使としての活動を、ユニセフ駐日事務所広報官としてお手伝いさせていただきました。その間、毎年、親善大使の視察に準備の段階から関わる機会を与えられましたことは、私にとって大きな財産です。

親善大使の視察には大きく分けて三つの目的があります。ユニセフの支援を必要とする子どもたちの現状を多くの方に知っていただくこと、訪問国の大統領や政府関係者に、子どもの福祉向上のための政策を実施するよう要請すること、そして、ユニセフの活動資金を募ることです。視察には写真家の田沼武能氏のほか、報道機関からの同行取材をお願いします。多いときには20人近い視察チームになります。受入国の政府が親善大使を特別扱いしようとすると、黒柳さんは、同行メンバーにも同じように接してほしいといわれます。

黒柳さんは、大統領への表敬訪問でも、難民のお母さんやストリートチルドレンとの会話でも、いつも自然体で相手を魅了し、ひきつけます。２０００年に訪問されたリベリアのチャールズ・テイラー大統領はダイヤモンドの不正取引と武器売買によって隣国シエラレオネの内戦を煽り、巨額の富を得ているといわれていました。この点について質問を重ねる黒柳さんに、大統領が真摯に応えようとしておられたのが印象的でした。

２００３年には武力紛争が終わったばかりのシエラレオネを訪問されました。小さな村で出産介助の研修を視察したときでした。１ヵ月後に出産を控えた女性が、女の子だったら「トット」という名前にする、といいました。５年後にその村を訪問する機会があり、「この村にトットという名前の子はいますか」と尋ねますと、村人たちが小柄な女の子を呼んできてくれました。お母さんは黒柳さんとの約束を守ってくれていたのです。

黒柳さんを親善大使に任命したジェームズ・グラント元ユニセフ事務局長は、黒柳さんと会うと必ず「テツコ、次はどこ？」と尋ねました。そして、子どもたちが黒柳さんの勇気付けとユニセフの支援を必要としていると強調しました。黒柳さんが、30年間、毎年、親善大使としての視察を続けてくださっている背景には、グラントさんのこの言葉があったと思います。

あとがき

前の本『トットちゃんとトットちゃんたち』（1997年刊）には、タンザニア、ニジェール、インド、モザンビーク、カンボジア、ベトナム、アンゴラ、バングラデシュ、イラク、スーダン、ルワンダ、ハイチ、ボスニア・ヘルツェゴビナを訪問したことを書きました。それからも毎年、この本に書いたように、子どもが一番助けを必要としている国に出かけて行きました。もっと早く、まとめようと思っていましたのに、こんなに時間がかかってしまいました。世界は、はじめの頃から、ますます複雑になり、訪問しようと思っても、同行のみなさんを危険にまきこむことになりそうな国が多くなり、子どもの死ぬ数は、減りましたが、やはり、今でも、こんな困難の中で、子どもは生きていこうとしています。

まず、このあとがきに、私のお願いする口座に、私のような芸能人といわれる人間を信じて、募金をしてくださるみなさまに、お礼を申しあげたいと思います。現在、みずほ銀行と郵便局のユニセフ親善大使の口座に、この30年間に送っていただいた金額は、54億5342万4

36円になります。信じられない金額です。38万7492人（件）の方々が送ってくださいました。これを、私の事務所の者が、1円の事務費もいただかず、ボランティアで整理し、すぐまとめて、ニューヨークの本部に、送っています。どれだけたくさんの子どもの命が助けられたかわかりません。心からお礼を申しあげます。

私が訪問して、テレビ朝日で放映し、それを見て、募金を送ってくださるかたが多いので、本部には、まず、私が訪ねた所に、現地のユニセフを通して必要なものにして、届けてくださることを、お願いしています。そして、あとは、エボラ出血熱とか、反対に、忘れられているような国で、本当に助けを必要としている国の子どもたちのため、お水、教育、予防接種などを中心に使ってください、とお願いして、お送りしています。本当にありがとうございます。

それから、同行してくださっているジャーナリストの方々にも、心からお礼を申しあげます。私の訪問先が決まると、東京のユニセフ事務所から、同行をお願いする連絡をします。たいがい2社か3社の新聞社が一緒に来てくださって、その国の子どものことを書いてくださいます。

私の行く国は、はじめのニジェールの63度（摂氏）をはじめとして、たいがい50度くらい。暑い国が多いので、ご苦労も多いと思いますが、本当に、どのかたも、やさしく、子どものことを書いてくださいます。心からお礼を申しあげます。

それと、くわしく書きませんでしたが、2006年のコートジボワールで、朝日新聞の記者のかたとカメラマンの中野智明さんが、恐ろしい車の衝突事故にまきこまれたことを書いておきます。とにかく、武器を持ったゲリラのような人の乗った車が、近よって走るので、とにかく全速力で走ってください、といわれていたなかでの事故でした。

中野さんは、骨盤の複雑骨折でしたが、衝突したとき、大腿骨が、骨盤を突き破って、うしろ側に出てしまう大怪我でした。運ばれたパリで手術、リハビリと、4ヵ月も、そこに入院、その後、日本に帰ってらしてリハビリ。1年後に、相手があまり動かないものということで、南アフリカのヨハネスブルクで、黒人の子にクラシックバレエを教えている学校をお撮りになりました。でも、杖をついて、カメラを持つのが、どんなに、つらいことか、私にも想像できました。それでも、アフリカに駐在してらっしゃる中野さんが、日本にリハビリにお帰りになるたびにお逢いして、その後の腰や足のことを伺ってきました。朝日の記者のかたも肩を強打して、大変だったと伺いました。

中野さんは、その後もリハビリ。杖をつきながら2011年、ムバラク大統領が退陣するときカイロのタハヒール広場に向かいました。そのとき、はじめて、杖なしで、撮影なさったそうです。以来、杖なしで、歩けるようになりましたが、まだ、走ることは無理だそうです。

事故から9年目。そんななかで、中野さんはアフリカを愛していらっしゃるので、アフリカ

54ヵ国のうち47ヵ国は、撮影なさったそうです。考えると、同じ道路を走っていたので、もしかすると私が、そういうことになっていたのかもしれないのです。中野さんをはじめ、心から、みなさんに、おわびも申しあげます。それでも、30年間そういう事件が、他になかったことは、運がよかったと思います。

それから、第一回の私の訪問からテレビを通して放送して下さってきたテレビ朝日にも、お礼を申しあげます。日本のみなさんが、いつのまにか、アフリカなどの子どもたちのことを心配してくださるようになったのは、テレビのおかげだと、ありがたく思っています。プロデューサーをしてくださった田川一郎さん、徹子の部屋のディレクターで、現地では私のアシスタントをして下さってる梅崎早苗さん、30年間もご苦労さまでした。いま徹子の部屋のプロデューサーの田原敦子さんも、若いころディレクターとして三ヵ国ついて来てくださいました。最近は、私がマラソン井上と呼んでる「徹子の部屋」のディレクターの井上哲《まさる》さんが来てくださって、編集も頑張ってやってくださっています。そして、何より肉体的に大変だったのは、カメラマンです。野こえ山こえ、また、つらい場面でも、心をこめて撮って下さいました。カメラマンの平間節《たかし》さんは、全部で16回も重いカメラをかついで、汗が流れてレンズが見えないような難民キャンプで、やさしい映像を撮ってくださいました。途中、平間さんは偉くなって、テレビ朝日の報道局映像専任局長になったのに、「行きましょうよ」と、2007年、二度目のアンゴラのときも、お願いして来ていただきました。カメラが、その間、ハイビジョンになって、すごく重くなり、熱中症になりかけながら、頑張ってくださいました。平間さんのあと何人かのかたがカメラマンとして来てくださいましたが、このところはずっと若い須田健《たけし》さんが、ニコニコしてカメラかついで来てくださってます。心からありがとうを申し上げます。

それと、募金をしてくださったみなさまに、「ありがとうございました」というお手紙をお出ししていないことも、ここで、おわびしておきます。お礼の手紙に、もし、80円の切手を貼ったら、募金してくださった、38万7492人で、約3100万円になります。それは、延べ132万6800人の子どもたちが、三種混合ワクチンを、接種することができる額なのです。132万6800人もの子どもたちが、切手代で、病気にかからず、元気で生きていけるのです。入金してくださったときの受け取りを、子どもたちからのお礼と思って、領収証がわりにしてくださいますよう、お願いしてきました。

本当にありがとうございます。

日本が誇れるのは、日本が世界で5歳未満の子どもの死亡が最も少ない国の一つということです。現在、日本では1000人のうち、それでも、残念ですが死ぬ子は3人です。でも、私が行った最初のアンゴラは、内戦中でしたが、1000人中、375人の子どもが、5歳未満で、死んでいたのです。戦争中、私も栄養失調でした。体中におできができて化膿して、痛くて、夜、寝られないくらいでした。それでも、子どもは、文句ひとついわず、おとなのいう通りに、従おうとするものです。栄養失調で死んだ子も、たくさんいます。いまの若いかたは、もう70年も前のことですが、日本で、戦争中、そんなことがあったなんて、信じられないと思います。

この本を読んで、いまも、この地球上に、いろんな苦労とたたかっている子どもたちがいることを知っていただけるなら、うれしいです。読んでくださって、ありがとう！

2015年一月

黒柳徹子

このあとの「最後《さいご》に」を読んでくださることをお願いします。

最後に

私《わたし》が会《あ》った子《こ》どもたちは、
みんな可愛《かわい》かった。
笑《わら》ってる子《こ》ども、ふざけてる子《こ》ども、
赤《あか》ちゃんを、おんぶした女《おんな》の子《こ》、
さかだちを自慢《じまん》そうに見《み》せてくれた男《おとこ》の子《こ》、
いっしょにうたった子《こ》ども、どこまでも、ついてきた子《こ》ども。
いろんな子《こ》どもたちに、会《あ》った。
そして
両親《りょうしん》や姉兄《きょうだい》を目《め》の前《まえ》で殺《ころ》された子《こ》ども、
ゲリラに腕《うで》や足《あし》を切《き》り取《と》られた子《こ》ども、
親《おや》が蒸発《じょうはつ》し、小《ちい》さい弟《おとうと》や妹《いもうと》を残《のこ》された女《おんな》の子《こ》、
親友《しんゆう》だった家畜《かちく》が、飢《う》えて死《し》んでしまい

ぼう然《ぜん》としてた男《おとこ》の子《こ》、
家《いえ》も学校《がっこう》も、すべて破壊《はかい》されてしまった子《こ》ども、
難民《なんみん》キャンプを、たらいまわしにされている孤児《こじ》たち、
家族《かぞく》を養《やしな》うために売春《ばいしゅん》する子《こ》ども。

だけど、だけど、
そんな、ひどい情況《じょうきょう》のなかで、
自殺《じさつ》をした子《こ》どもは、一人《ひとり》もいない、と聞《き》いた。
希望《きぼう》も何《なに》もない難民《なんみん》キャンプでも
一人《ひとり》も、いない、と。
私《わたし》は、ほうぼうで聞《き》いて歩《ある》いた。
「自殺《じさつ》した子《こ》は、いませんか?」
「一人《ひとり》も、いないのです。」
私《わたし》は、骨《ほね》が見《み》えるくらい痩《や》せて
骸骨《がいこつ》のようになりながらも
一生懸命《いっしょうけんめい》に歩《ある》いている子《こ》を見《み》ながら

一人《ひとり》で泣《な》いた。
（日本《にっぽん》では、子《こ》どもが、自殺《じさつ》してるんです。）
大《おお》きい声《こえ》で叫《さけ》びたかった。
こんな悲《かな》しいことが、あるでしょうか。
豊《ゆた》かさとは、なんなの？

私《わたし》がいろんな子《こ》どもに会《あ》って
日本《にっぽん》の子《こ》どもに伝《つた》えたかったこと。
それは、もし、この本《ほん》の中《なか》に出《で》てきた
発展途上国《はってんとじょうこく》の子《こ》どもたちを、
「可哀想《かわいそう》。」と思《おも》うなら、
「助《たす》けてあげたい。」と思《おも》うなら、
いま、あなたの隣《となり》にいる友《とも》だちと
「いっしょにやっていこうよ。」と話《はな》して。
「みんなで、いっしょに生《い》きていこう。」と、手《て》をつないで。
私《わたし》の小学校《しょうがっこう》、トットちゃんの学校《がっこう》には

体《からだ》の不自由《ふじゆう》な子《こ》が何人《なんにん》もいた。
私《わたし》のいちばんの仲良《なかよ》しは
ポリオ（小児《しょうに》マヒ）の男《おとこ》の子《こ》だった。
校長先生《こうちょうせんせい》は、一度《いちど》も
そういう子《こ》どもたちを
「助《たす》けてあげなさい。」とか
「手《て》をかしてあげなさい。」
とか、いわなかった。
いつも、いったことは、
「みんないっしょだよ。いっしょにやるんだよ。」
それだけだった。
だから私《わたし》たちは、なんでもいっしょにやった。
誰《だれ》だって友《とも》だちがほしい。肩《かた》を組《く》んでいっしょに笑《わら》いたい。
飢《う》えてる子《こ》どもだって、日本《にっぽん》の子《こ》どもと
友《とも》だちになりたい、と思《おも》ってるんですから。

これが、みなさんに、私《わたし》が伝《つた》えたかったことです。

「最後に」は、２００１年６月刊、講談社青い鳥文庫『トットちゃんとトットちゃんたち』から転載しました。

本書は1998年から2014年に「しんぶん赤旗日曜版」に掲載された記事を単行本化したものです。

構成・協力　上野敏行

黒柳徹子（くろやなぎ てつこ）

東京都生まれ。東京音楽大学声楽科卒業後、NHK放送劇団に入団。NHK専属のテレビ女優第一号として活躍。「徹子の部屋」（テレビ朝日）などのテレビ番組に多数出演する一方で、舞台女優としても活躍中。社会福祉法人「トット基金」を設立し、プロのろう者劇団を支援している。1984年よりユニセフ親善大使となり、飢餓、戦争、病気で苦しんでいる子どもたちを訪ね、その実情を伝える活動を続けている。

トットちゃんとトットちゃんたち 1997－2014

発行日　2015年5月28日　第1刷発行
　　　　2016年5月23日　第2刷発行

著　者　黒柳《くろやなぎ》徹子《てつこ》
発行者　鈴木　哲
発行所　株式会社　講談社
　　　　〒112-8001　東京都文京区音羽2-12-21
　　　　電話　編集　03-5395-3529
　　　　　　　販売　03-5395-3606
　　　　　　　業務　03-5395-3615

カバー・本文写真　田沼武能
装丁・扉デザイン　島内泰弘デザイン室
地図作成　有限会社 ジェイ・マップ
本文組版　講談社デジタル製作部
印刷所　慶昌堂印刷株式会社
製本所　黒柳製本株式会社

定価はカバーに表示してあります。
ISBN978-4-06-219179-1